共和国科学拓荒者传记系列

任新民传

Ren Xinmin Zhuan

谭邦治 / 著

中国青年出版社

图书在版编目（CIP）数据

任新民传/谭邦治著 .— 北京：中国青年出版社，2015.10（2024.7重印）
（共和国科学拓荒者传记系列/伍献军主编）
ISBN 978-7-5153-2787-7

Ⅰ.①任… Ⅱ.①谭… Ⅲ.①任新民—传记 Ⅳ.① K826.16
中国版本图书馆 CIP 数据核字（2015）第 241632 号

原版责任编辑：方小玉
本版责任编辑：彭岩
书籍设计：刘凛
出版发行：中国青年出版社
社　　址：北京市东城区东四十二条 21 号
网　　址：www.cyp.com.cn
编辑中心：010 - 57350407
营销中心：010 - 57350370
经　　销：新华书店
印　　刷：三河市君旺印务有限公司
规　　格：710 mm × 1000 mm　1/16
印　　张：18.5
字　　数：180 千字
插　　页：2
版　　次：2016 年 2 月北京第 1 版
印　　次：2024 年 7 月河北第 3 次印刷
定　　价：32.00 元

如有印装质量问题，请凭购书发票与质检部联系调换
联系电话：010 - 57350337

目 录

引 言 /1

第一章 少壮怀志 /1

  14岁入团 /1
  革命受挫 /4
  求学南京 /8
  学造兵器 /10
  异地邂逅 /12

第二章 赴美深造 /18

  惜别妻儿 /18

　　　　　　潜心攻读　/20
　　　　　　刚毅女性　/24
　　　　　　舍弃优裕　/27
　　　　　　好事多磨　/29

第三章　投身国防　/31
　　　　　　研制火箭　/31
　　　　　　筹建军工　/32
　　　　　　陈赓院长　/34
　　　　　　结识钱学森　/37

第四章　开拓奠基　/41
　　　　　　三人建议书　/41
　　　　　　"喷气和火箭技术"上规划　/43
　　　　　　筹建五院　/45
　　　　　　接收"P-1"　/48
　　　　　　仿制"P-2"　/54
　　　　　　动力总师　/65

第五章　"八年四弹"　/78
　　　　　　"东风二号甲"　/78
　　　　　　研制"东三"　/83
　　　　　　攻关"东四"　/98

卫星功臣　/106

"东五"总指挥　/122

第六章　攻坚"331"　/129

氢氧发动机　/129

"长三"——从立项到研制　/134

工程总师　/147

指挥发射　/152

"331甲"——卫星通信升级版　/169

第七章　耕耘不辍　/175

亲临一线　/175

改进"风云"　/188

遥感总师　/191

商业发射　/198

又"顾"又"问"　/202

第八章　磊落人生　/205

自主自力　/205

淡泊执着　/214

求真务实　/218

果敢担当　/230

精益求精　/234

严己宽人 /238

第九章 霜重心红 /247

老骥伏枥 /247

风口浪尖挑重担 /250

提携后辈 /252

呕心沥血航天梦 /255

附 录 任新民年表 /278

后 记 /285

引 言

古往今来，在人类社会发展、进步漫长而悠久的历史长河中，人类为了正义、自由、解放进行了不屈不挠的斗争。其中，不乏驰骋沙场、英勇善战、足智多谋、叱咤风云的英雄豪杰。然而，在人类追求生存、发展、文明和进步的征程中，还有一个向科学技术领域进军，战天斗地，追逐科学和真理，创造科技成果和财富的另一个硕大的、永恒的战场。在这一战场上，同样有众多的志士仁人不懈地奋斗、拼搏和奉献。他们为科学技术的进步付出了自己的聪明才智、艰苦卓绝的劳动和全部的心血，甚至是生命。他们的努力旨在推动人类社会的发展和科学技术的进步，服务于祖国和人民，提升人民生存与生活的质量和社会文明的水平。

中国人民在中国共产党的领导下，在20世纪开展了伟大的"两弹一星"事业（导弹、核弹和人造卫星），伟大的事业孕育了伟大的精神——"两弹一星"精神（热爱祖国、无私奉献，自力更生、艰苦奋斗、大力协同、勇于登攀）；伟大的事业也造就了伟大的功勋。1999年9月18日，在迎接中华人民共和国成立50周年之际，中共中央、国务院、中央军委决定，对当年为研制"两弹一星"做出突出贡献的23位科技专家予以表彰，并授予于敏、王大珩、王希季、朱光亚、孙家栋、任新民、吴自良、陈芳允、陈能宽、杨嘉墀、周光召、钱学森、屠守锷、黄纬禄、程开甲、彭桓武"两弹一星"功勋奖章，追授王淦昌、邓稼先、赵九章、姚桐斌、钱骥、钱三强、郭永怀"两弹一星"功勋奖章。这23位科技专家是中华人民共和国的功臣，是老一辈科技工作者的杰出代表，是新一代科技工作者的光辉榜样。任新民就是其中的一位。

在向"四个现代化"进军、攀登科学技术高峰的征程中，航天重大科技工程的研制就是其中艰巨的任务。由于其技术复杂，新难高精技术多，工程的研制是多种专业技术与学科最新科技成果的高度综合与运用；涉及面广，需要全国各地区、各部门数以百计的各类单位和数以万计的各类人员的大力协同、协作，组织协调的难度大；研制周期长，投入的经费也相对比较多。因此，更需要精通技术、擅长组织的科技将帅，统领和指挥跨部门的成千上万的科技大军，在崎岖而险要的科学技术之路上攀登、拼搏与奋斗，去跨越一道道难关、隘口，突破一

任新民在普陀山留影

个个艰难险阻,攻克一座座明碉暗堡,驾驭航天科技工程的航船,驶达成功的彼岸。

任新民就是航天将帅群体中的杰出代表之一。

诚然,无论军事方面还是科技方面的将帅,都没有常胜将军,他们也会遭受挫折与失败。可贵的是他们既能经受成功和胜利的喜悦,不会欣喜若狂,也能经受挫折与失败的考验,善于从成功、胜利和挫折、失败中总结正反两方面的经验教训,胜不骄,败不馁,从挫折、失败走向成功、胜利,并获得连续的成功和胜利。

本书试图寻觅任新民航天生涯的足迹,追溯和考究中国航天创建、发展、壮大的历程,展示他为中国航天事业所做出的巨大贡献。融于航天的伟大群体之中,从中折射出他那高尚的道德风范、朴实无华的品格和独具慧眼的科学睿智,从他的足迹中彰显他朴实、求是、勤奋、认真和对科技事业孜孜以求的精神风貌。

任新民是一位众口皆碑、万众敬仰的老一辈科学家。

第一章
少壮怀志

14岁入团

任新民，1915年12月5日出生于安徽省宁国县（现为宁国市，后同），祖籍湖北省谷城县任家湾。谷城是明朝末年"双雄会"事件的发生地。据史书记载，农民起义领袖李自成兵败潼关后，曾蜗居商洛山，暗中招兵买马，伺机东山再起。李自成从商洛赶至张献忠盘踞的谷城，面商联合起兵之事。这就是小说和戏剧中津津乐道的"双雄会"。任新民的祖辈就在这块古老的土地上繁衍生息。

任新民的祖父任国霖是一位勤劳节俭、忠厚朴实而不乏机敏的农民。清朝光绪年间，昏庸、愚昧而又专横的慈禧当政，国衰民穷，襄阳、谷城一带连年闹灾荒。迫于生计，任国霖孤身一人逃荒到了安徽。几经辗转，落脚于当时地广人稀的宁国县。任国霖身处异地他乡，举目无亲，其生活的艰辛可想而知。他为人忠厚善良，又勤快麻利，经常帮乡亲干些杂活。虽住在临时搭建的草棚子里，却经常有邻居串门聊天，他和邻里相处得很和睦。一年下来，也还有些节余，这位土里刨食的农夫已是心满意足。40多岁时，经好心的邻居说媒提亲，任国霖娶妻成家了。自此，任国霖更加勤俭持家，日子越过越红火，家业渐兴。49岁时，任国霖喜得贵子，取名任海清。任国霖识字不多，但他从自己艰辛磨难的生活中悟出一个道理，那就是必须读书识字，能写会算，才能不受人欺，才能过上好日子。因此，他对儿子既疼爱又严格要求，叮嘱其好好读书，诚实做人。

任海清不负父望，聪颖好学，勤奋刻苦，以优异的成绩读完了高中。有这样学历的人在当时的宁国县称得上知识分子了。任海清先后在宁国县宁阳小学任教师、校长、县教育局长、县银行行长等职，被人尊称为先生，成为宁国县的社会贤达。任家在宁国县城也建了一座大院，家业日益兴旺。

任海清17岁时就娶了贤惠的妻子刘淑兰。任家家道正旺，1915年12月5日，长孙任新民呱呱坠地，全家人喜笑颜开。任国霖更是百感交集，喜出望外：孙子出生了，任家的香火可以延续下去了。任国霖一有空闲，就将孙子抱在怀里，看着小家伙白嫩的脸蛋，他眉开眼笑，心花怒放。任国霖经常忍不住感慨——一个流浪汉也有了家室和子孙，他心里充满了极大的满足感。

任新民出生之日，正是袁世凯发布文告，计划当"中华帝国"皇帝之时。袁世凯下令将1916年改为"中华帝国"洪宪元年，准备在1916年元旦正式登基加冕。袁世凯的行为引来天怒人怨，全国各地纷纷掀起讨袁护国的高潮，随后就是连年的军阀混战。任新民的童年时期，正值社会动荡，兵荒马乱，天下百姓处于水深火热之中，这些都在他幼小的心灵里留下了深刻的烙印。

任新民自幼聪慧乖巧，静思好学，凡事都喜欢问个为什么。1922年春，刚满6岁的任新民步入宁国县宁阳小学就读。他果然不负祖父与父亲的苦心与厚望，品学兼优，成绩名列前茅。在1927年年底举行的毕业典礼上，任新民得到了学校的嘉奖。

随后，任新民考取了安徽省宣城省立第四中学（现在的安徽省宣城中学）。这是一所历史悠久、闻名遐迩的中学，曾为国家培养了大批的栋梁之材。颇具才气并且人品极佳的任新民，入学后勤奋刻苦，学习成绩优异，深受广大师生喜爱。学校有一位叫杨师道的语文老师，非常赏识任新民，夸他学习踏实，作文立意新颖，文字好。任新民也非常敬重杨老师。以至步入耄耋之年的任新民仍然经常赞颂杨老师："我的语文知识基本上是初中时打下的基础，特别是杨师道老师对我的帮助很大。"杨老师虽不是中国共产党党员，但他的思想非常进步，倾向于革命。他经常让任新民到自己的办公室或宿舍，畅谈时局与人生。这些谈话对任新民视野的开阔、学业的进步和人生观的树立颇具影响。更难得的是，杨老师向他推荐了一些国内进步作家的书籍，包括鲁迅的杂文，柔石、叶紫的小说，殷夫的诗等，还向他推荐了一些中文版的苏联小说，如《母亲》《毁灭》《铁流》等。通过阅读这些进步书籍，他增长了知识，提高了写作水平，更主要的是他追求真理、勤于思索的信念更加坚定了。他开始关心祖国和民族的命运，思考人生和社会的出路。

时值北伐战争，革命军节节胜利，攻占了皖南，任新民等进步青年同广大民众一起欢呼雀跃，迎接革命军的到来。然而，好景不长，1927年4月12日，蒋介石发动了"四一二"大屠杀，实行独裁专治，半封建半殖民地的中国更加灾难深重，民不聊生。残酷的现实和进步书刊的影响，任新民逐步萌生了中国需要变革，需要革命，要靠革命救中国，救民于水火的信念。

1929年10月，年仅14岁的任新民怀着满腔的热情秘密地加入了中国共产主义青年团。当时规定，未满18岁者只能加入共青团，到18岁时自动转为中国共产党党员。

加入共青团后，在组织的领导下，任新民更加自觉地阅读革命书刊，如《共产党宣言》《国家与革命》，以及陈独秀创办的《新青年》，开始逐步树立民主革命的理想。

革命受挫

任新民加入共青团之日，正是国民党右派反动气焰嚣张、白色恐怖猖獗之时。当时的中共地下党团组织为了打击敌人的嚣张气焰，积极开展革命活动，向广大民众大力宣传革命思想，揭露国民党右派的狰狞嘴脸。任新民和他的小战友们更是初生牛犊不怕虎，有时就利用学校的篮球赛和其他公共活动时机，跳上一张桌子或站在高处，进行演讲，宣传革命思想，呼喊"打倒列强，除军阀""打倒封建"等口号。他们还经常在夜间或清晨到公共场所机敏地撒传单，贴革命标语，等到校方和反动军警察觉，他们便化整为零，跑得无影无踪了。这些勇敢的行为在打击反革命气焰、宣传和组织群众等方面，发挥了积极的作用，反映了他们高涨的革命热情和英勇无畏的革命气概。任新民和他的小战友们也都受到了考验和锻炼。

1930年11月，以蒋介石为首的国民党窃取了北伐胜利的果实，篡夺了领导权，本着"宁肯错杀三千，也不让一人漏网"的反动原则，更加明目张胆地举起血腥镇压的屠刀，屠杀中国共产党党员、共青团团员和革命群众。全国笼罩在白色恐怖之下，大有黑云压城城欲摧之势。广大的共产党人和革命群众义愤填膺，群情激愤，他们没有被压倒、吓跑，而是抱定"砍头不要紧，只要主义真"的决心，和反动派进行殊死的斗争。

当时，共产党内被"左"倾盲动主义控制，中共芜湖特委派了何冰心等三位特派员到宣城，错误地分析和利用了群众的激愤情绪，以"以牙还牙，硬对硬"的办法，筹划并组织了"冒埠暴动"。中共地下党党员、共青团员、农民协会会员和革命积极分子都积极报名响应，踊跃参加。作为共青团员的任新民更是积极报名参加这一革命的义举。不巧的是，这段时间里任新民得了重感冒，并感染上了肺炎，连续高烧不退，只好返回宁国县家中。后来由于暴动的组织不严密，走漏了消息，有关方面不得不临时决定将暴动的时间提前到1930年12月10日。由于时间仓促，已来不及通知任新民，他也就没有参加这次行动。

当时，暴动队伍聚集了500多人，尽管枪支弹药很少，大多数暴动人员拿的都是土枪、大刀和长矛，但暴动队员英勇善战，开始时打得敌人措手不及，暴动队员从敌人手里夺得了一些枪支弹药和其他物资，并一度攻占了火车站。后来，惊慌失措的敌人调来了特务队等武装力量，进行反扑。暴动队本身缺乏强有力的指挥和严明的组织纪律，暴动队伍中的党、团骨干虽进行了浴血奋战，但终因敌我双方力量悬殊，寡不敌众，"冒埠暴动"很快就失败了，暴动队伍都跑散了。

"冒埠暴动"尽管失败了，但也长了革命者的志气，灭了反动派的气焰。最大的损失是过早地暴露了中共地下党员和共青团员，暴动中牺牲了近百人，其中大部分是地下党、团的骨干。

暴动被镇压后，国民党反动当局大肆搜捕和镇压中共地下党员、共青团员和参加暴动的人员。任新民的战友和同学，有的在暴动中牺牲；有的被捕入狱，生死难测；有的被开除学籍。他最崇敬的杨师道老师也被捕了，他的耳边仿佛还回荡着杨老师的谆谆教诲——"要多看、多思、少说"。这一连串的打击与挫折使充满革命理想、血气方刚的任新民欲哭无泪，气愤难平。他真想和反动当局拼了。

还好，任新民虽被审查和传讯，但因正值初中毕业，暴动之时又在家中养病，没有参加行动，且加入共青团的事无从考证，再加上父亲任海清的斡旋，他被认定为年幼无知，误入歧途，幸免遭学校开除和逮捕。

虽未遭到开除和拘捕，但一颗破碎的心却无法平静，父亲任海清唯恐当局再度纠缠，经其周旋，将任新民送到了宁国县一个偏远的乡村去做小学教师。任新民在迷惘、痛苦、困惑和彷徨中度日如年，他冥思苦想，默默求索，"一个个鲜活而优秀的生命，为什么就这样倏忽间顿然消逝了？""中国该向何处去？"他百思不得其解，性格内向的他变得更加沉默寡言了。在闭塞的乡间，时近黄昏，鸦声噪晚，这位栖身在穷乡僻壤的热血青年，望着如血的残阳，百感交集，悲伤至极。他常常在乡间的小路上仰天长叹，抒发对战友牺牲的愤懑和国家前途的忧虑。他想起了组织、老师、战友和同学，禁不住怆然涕下。在漫漫的长夜中备受煎熬，每当他迎来新的朝阳，看到那些天真无邪、贫穷但朴实的农村娃娃向他走来，和他打招呼时，他情不自禁地想起了待他如亲人的杨师道老师，他心中又燃起了希望之火，逐渐振作起来。他抱定"贫穷、落后、蛮荒、战火纷飞的祖国将在我们这一代人的手中改变"的信念，慢慢驱散了心中的失落和懈怠。他发誓要忠于职守，不能误人子弟，要用自己的知识培养这些天真可爱的娃娃。

任新民没有沉沦，逐步丢弃了彷徨，丢弃了与敌人一拼了之、以卵击石的幼稚想法，从学生身上找到了快乐、希望和责任。"十年树木，百年树人"，他暗下决心要教好书、育好人。

同时，利用业余时间复习功课，积蓄知识，寻找机会学习和深造，探求科技救国、强国、富国、富民之路。他常常慨叹：黑夜终究要过去，明天升起的将是一轮新的火红的朝阳。

求学南京

父亲煞费苦心送任新民到偏远山区做一名小学教师，反复地叮嘱他，一定要好好干，并严厉地告诫他，未经允许不得擅自回县城，更不能去宣城。其实，父亲也很同情和支持进步学生，憎恶时局的黑暗腐败。他将任新民送到乡下，也是大势所趋、无奈之举，想让儿子在乡下避避风头，免遭横祸。任新民深知父亲的良苦用心，在乡下一住就是半年。暑假来临了，父亲牵挂着儿子，来到了他所在的乡村小学，经多方询问，得知任新民尽职尽责，得到了校方和广大师生以及学生家长的好评。父亲原本严肃而略带几分怒气的面孔，开始露出了笑意。父亲问儿子今后有什么打算，任新民战战兢兢、细声细气且又十分坚定地回答："我想继续上学。"父亲听罢，心中暗喜，半是鼓励半是警告地说："上学是好事，但不能再考宣城四中。"停了一会儿，父亲略带怀疑地问："你能考得上吗？""试试呗！"任新民随口答道。"不只是试试，从现在起就要抓紧复习，要考就得争取考上！"父亲用坚定的话语对他提出了要求。其实，任新民还是胸有成竹的。在这半年的时间里，他一直在复习初中的课程。

1931年，任新民参加了南京市秋季高中招生的考试，成绩名列前茅，被当时颇有名气的南京钟英中学高中部录取。从此，他开始了在南京的求学生涯。

痛定思痛，他抱定科技救国的决心，在三年的高中学习生活中，从不浪费一分一秒的时间，全身心地投入到了学习之中，时刻用古训"一寸光阴一寸金，寸金难买寸光阴"来鞭策和激励自己，不遗余力地涉猎着各种知识。1934年夏，他出色地完成了高中三年的学业，并以优异的成绩考取南京中央大学化学工程系，成了任家祖上的第一个大学生。

在大学里，他更加如饥似渴地汲取各类知识，几乎到了痴迷的程度。不仅上课时一丝不苟地认真听讲，课余时间总是一头钻进图书馆，博览群书，阅读包括自然科学和社会科学在内的各种书籍期刊。同学们平时聚会聊天，他总是熟视无睹，从不参与。当同学们谈论时局时，他总是避而远之，偶尔插上一两句若明若暗的话，同学们感到他有些怪异和深不可测。可他待人忠厚，又富有正义感。在学习上、生活上都乐于助人，因此，同学们都喜欢他，乐于与他接近。

在大学学习期间，他的内心世界是复杂、矛盾而沉痛的，昔日的战友、同学和峥嵘岁月时不时地爬上他的记忆。他从报纸杂志上获悉日本帝国主义正进行疯狂的侵略和掠夺，肆无忌惮地进行血腥的屠杀，国民党当局又采取"攘外必先安内"的不抵抗政策，在日本侵略者铁蹄和屠刀下的中国人民正过着颠沛流离、灾难深重的痛苦生活，自己却爱莫能助，真是痛苦至极。他有时捶胸顿足，仰天呼喊，同学们都以为他在发无名火。痛定思痛，他坚定了自己的信念：找不到组织的孤雁只能是韬光养晦，真正学到知识，学到本领，科技救国也是一个选择。这一时期，他就是在矛盾、痛苦和专一中度过的。专心致志地刻苦学习成了他的唯一乐趣。

学造兵器

1937年7月7日，发生了震惊中外的"卢沟桥事变"，中国抗日战争全面爆发，抗日的烽火燃遍祖国大地。当时的国民政府军政部兵工署为了缓解兵器制造人才奇缺的状况，决定在重庆的中央兵工学校大学部招收各大学的二、三年级的在校生进行插班学习。任新民在得知这一消息后欣喜若狂，感到自己可以

1935年，任新民（右二）在南京中央大学读书时与同学合影

直接为打击日本侵略者、为报效民族和国家出力了。他毅然报名参加了考试，并被录取到中央兵工学校大学部造兵系，学习枪炮设计、制造与使用。这时的中央兵工学校已迁往重庆杨安桥，任新民打点行李赴兵工学校报到。这所学校隶属于军政部兵工署，学员都是军人，教学和训练都是非常严格的。学校注重理论联系实际，特别是兵工署21厂（现在的长安机器厂）就在学校附近，校方经常组织学员到21厂实习。任新民在中央兵工学校的学习非常专注，紧张的学习和浓厚的抗日氛围，使他的迷惘和失落被抛到了九霄云外。任新民学习的动力就是为中国人造枪炮，赶走日本侵略者。

光阴似箭，转瞬间三年的紧张学习结束了，1940年夏，他从中央兵工学校大学部造兵系毕业。在大学前后学了六年，所以，无论是基础理论知识，还是专业基础知识（化工、机械制造），他都烂熟于心，这对他后续的专业技术工作奠定了良好基础。正因为他学习成绩优秀，所以被留校做助教，后提为讲师。在此期间，他还曾在重庆中央工校担任教员，兼任重庆兵工署21厂技术员，参加了"中区"步枪的设计、制造。那时，太平洋战争已经爆发，日本侵略者封锁了缅甸通往中国云南的道路，中国急需的无烟火药无法运进。任新民和他的同事们经过反复研究试验，用黑火药代替无烟火药装填迫击炮弹，终获成功，解决了抗战的燃眉之急。

任新民在重庆兵工学校大学部做助教、讲师时，现在的中国运载火箭技术专家谢光选院士当时是他的学生。从20世纪70

年代末起，任新民担任试验卫星通信工程（代号"331工程"）的总设计师时，谢光选刚好担任这一工程中"长征三号"运载火箭系统的总设计师。这对师生又成了一个战壕里的战友，他们对师生共事备感亲切。闲暇之时，谢总偶尔滔滔不绝地讲述起读书时的这位助教："任老总当年当老师时就有一股严肃认真的劲儿，几十年过去了，他一如既往。"任新民和谢光选在工作上配合得十分默契、和谐，但偶尔任老总也会发脾气，对谢光选进行批评，有时甚至很严厉，毫不留情。谢总听完，总是付之一笑，并诚恳地接受。

异地邂逅

任新民在中央兵工学校大学部毕业前夕，学校组织毕业实习，到重庆附近的江津县（现为江津区，后同）去试炮，试的是迫击炮，炮弹是用黑火药装填的。试验取得成功，同学们都很高兴，任新民从同学们的闲谈中得知，江津县有所中学的师范分校的校长是安徽宁国人，后得知叫虞焕宗。他喜出望外，虞校长曾与任新民的父亲共过事，他也见过虞校长。在那战火纷飞、兵荒马乱的年代，孑然一身，流落异乡，孤独、寂寞和挥之不去的苦涩的乡愁、伤感，时时困扰着年轻人火热的心。忽然听说有一位同乡、又是比较熟悉的长辈近在咫尺，任新民的激动之情油然而生。于是，他决定前去拜访，以叙衷肠。可是，这次拜访却给他带来了失望、悲凉和伤痛。原来，此时虞校长已经过世了。

　　虞焕宗，安徽省宁国县人，早年毕业于南京高等师范学校，曾任赞上县中学校长、宁国县教育局长。安徽沦陷后，虞焕宗带着长女及学生们开始了艰苦而漫长的流亡生活，历尽艰难才落脚于四川省江津县，虞焕宗担任国立九中师范分校的校长。由于长期过着抑郁而凄苦的生活，虞焕宗染上了肺病，虞老先生的心情郁闷到了极点。继1937年7月北平沦陷后，1937年年底，上海、济南、南京等地也相继沦陷，特别是震惊中外的南京大屠杀消息传开后，愤怒和仇恨笼罩着江津城，虞老先生更是悲愤至极。1939年夏天，已经病入膏肓的虞老先生自知时日不多，将正在偷偷流泪的女儿虞霜琴叫到跟前说："霜琴，天下兴亡，匹夫有责，你不必为我哭泣难过。你要忧患我们的国家和民族，努力学习，掌握本领，为国家的强大和富庶而出力。"就在这一天晚上，虞老先生怀着一腔爱国热情和对亲人的依恋，永远地离开了人世。

　　虞霜琴生于1921年8月，随父亲到江津后，就读于国立九中，此时正读高中，很快就将考大学了。父亲的辞世，犹如晴天霹雳，使她悲痛欲绝。她是一位刚毅、豁达的新女性，在老师、老乡和同学的帮助与鼓励下，她勇敢地挺起胸膛，坚强起来，决定无论如何也要把书读下去。

　　任新民此次拜访，虽得知虞老先生谢世的噩耗，但也得知其长女在江津读高中。虞霜琴也从父亲那里对任新民早有所耳闻，父亲曾说过："任局长（任新民的父亲任海清接虞焕宗任教育局长）的大公子很聪明，学习成绩一直拔尖，考上了中央大学，后又考入兵工学校。"虞老先生此番话一方面是激励女儿努力学习，做栋梁之材；另一方面也有潜台词，是想为女儿找个门当户对的婆家。虞霜琴虽不在意，却也清楚父亲的良苦用心。

任新民出于乡情和父辈的友情，去看望了虞老先生的女儿虞霜琴，一则是对虞老先生的辞世表示悼念，二则是对同乡的慰问。此次任新民到访时，虞霜琴这位国立九中女篮的队长刚从球场上被换下来休息，见到这位身着军装的男青年不禁有些愕然。相互做了自我介绍后，他们又寒暄了几句。乡音、乡情，加上父辈的同事关系，顿时拉近了两人的距离。这时虞霜琴的脑海里浮现出了父亲对她讲述任大公子的情景。眼前的任新民中等身材，眉清目秀，微带棱角的面颊略显清瘦，透出干练和阳刚之气，举止文雅，谈吐得当。平时爽朗善言的虞霜琴不知不觉间有几分拘束和紧张。反倒是平时沉默寡言的任新民一操起家乡话，话语顿时多了起来。眼前的虞大小姐年方十八九岁，一双亮丽有神的大眼睛闪烁着青春的秀美，白皙略带红润的脸庞在乌黑光洁的秀发映衬下，更显端庄秀丽。在那烽火连天、狼烟四起的战乱岁月，两位同乡在举目无亲的异地他乡相见，乡愁、乡思、乡情一齐涌上心头，同乡间的好感油然而生，两人好像有说不完的家乡话。

当天，虞霜琴还为任新民及他的同学解了燃眉之急，在男生部的宿舍为他们安排了住宿。这对年轻的老乡异地相见，虽不能说是一见钟情，但这次见面成了一对70多年夫妻相敬如宾、患难与共的序曲。

任新民试炮后回到了兵工学校，他时不时地回味起这次相见。他给虞霜琴写了封信，主要是感激她提供了食宿帮助，同时也抒发了他发自内心的抗日激情。于是，他们开始了鸿雁传书，心灵的沟通越来越多了。可爱情这层窗户纸的捅破，还得归功于虞霜琴的表哥、任新民的同窗好友胡为灿。当时，胡为灿从安徽到重庆出差，临行前，虞霜琴的母亲对胡为灿一再嘱托："男大当娶，女大当嫁，霜琴也该成亲了，她父亲去世了，我又不在身边，你此次去重庆关照一下霜琴的婚事。"胡为灿对姑妈叮嘱的事自然不敢怠慢。

其实，良缘离不开机遇的巧合。胡为灿和同窗好友任新民一直保持着联系，这就使胡为灿想起了姑妈托付的事。有胡为灿撮合，再加上任新民、虞霜琴基本上已水到渠成的爱情基础，所以他们的关系发展得非常顺利。胡为灿在重庆办完事后，还要去西安。为了把此事办得圆满，回皖后对姑妈有个满意的交代，他对二人也执意督促。任新民与虞霜琴在表兄胡为灿离渝前正式订了婚，并在当时的"《中央日报》"广告版上刊登了二人订婚的消息。

自此，任新民、虞霜琴在渝已不再是各自孤单一人，而是还有另外一颗心无微不至地关心着她（他），有另外一双手扶持着她（他）。此时虞霜琴即将高中毕业，面临着继续考大学，还是找份工作的抉择。父亲去世后，家里原有的积蓄有限，读大学的学费和生活费去哪里筹措呢？这位倔强而刚毅的姑娘自立观念很强，不想依赖他人，想直接找份工作，等有些积蓄后再读大学。就在她思想矛盾之时，任新民竭力劝告："不管有什么困难，你也不能有放弃读大学的念头。经济上有困难，我可以帮助。"最后，虞霜琴在任新民的鼓励下决定报考大学。考试的结果不出所料，她先后被上海交通大学（重庆）电机系和中央大学（重庆）数学系录取，几经思考，根据个人的兴趣，她还是去了中央大学（重庆）数学系就读。

1944年，在中央兵工学校和兵工署21厂干得很出色的任新民，被选送到美国辛辛那提磨床铣床厂实习。这对期盼深造的任新民来说真是一个千载难逢的良机和喜讯。人生总是充满矛盾，他这一走，如果再读学位，还不知哪年哪月重逢，特别是动荡的时局更有很多变数。任新民思前想后，心里也犯嘀咕。虞霜琴了解任新民的抱负与志向，全力支持他赴美国。任新民长虞霜琴六岁，已近而立之年，虞霜琴很理解任新民内心的矛

1941年与夫人虞霜琴订婚合影

盾。此一别天各一方,远隔重洋……这如何是好?她梳理了思绪,断然决定在他赴美前结婚,这样各自都有了归宿,有了一个共同的家,也便于她在国内照顾双方的老人。

面对任新民怜爱的眼神,虞霜琴表示,只能顾一头了,有所得必有所失,必要时自己只好做出些舍弃。1944年夏,任新民和虞霜琴在"《中央日报》"广告版上刊登了一个敬告亲友的简短的结婚启事,并在中央兵工学校的食堂里举行了简朴的婚礼,他们摆了三桌婚宴招待双方的老师、朋友、同学和老乡。从此,一对身居重庆的年轻人开始了新的人生征程。

第二章

赴美深造

惜别妻儿

结为连理的任新民与虞霜琴称得上乱世鸳鸯。虽正值战乱时期,但世界反法西斯战争的形势与日俱变,德、日、意法西斯的嚣张气焰每况愈下。他们两人从重庆返回家园指日可待,这更增添了他们新婚的甜蜜。

任新民虽已被确定赴美国辛辛那提磨床铣床厂实习半年,但行期尚未敲定,他一边工作,一边做赴美的准备,特别是强化英语训练,夫妻俩还时不时地来个英语对话,日子过得有滋有味,甜美舒心。可生活的喜忧却交织而至:虞霜琴怀孕了。

沉默善思的任新民更是冥思苦想,最终,他决定面对这个现实:"车到山前必有路!"好在赴美的行程迟迟不能确定,他的工作还没有交接,任新民一边继续补习英语,一边照顾怀孕的妻子。顽强刚毅、不服输的虞霜琴决定,任新民照走,自己的大学照上。尽管她身体已经不便,但还是坚持读完了大学三年级上学期的课程。

赴美启程的日期定下来了,是1945年5月24日下午。可就在临行前的5月23日,也许是孕中的宝宝为了给父亲送行,急于来到这个世界,虞霜琴提前临产了。任新民手忙脚乱地将她送到了歌乐山医院。他望着虞霜琴痛苦而憔悴的面容,内心充满了怜爱、无奈和焦急。任新民在医院的走廊里坐立不安、踱来踱去,不敢直面妻子痛苦而疲惫的眼神。他想到了他走后妻儿的艰辛生活,想到了还在安徽的父母和岳母,想到了抗战胜利后,妻儿就可以回安徽老家了……他思绪万千,心乱如麻。有时真想索性不去美国了,安心照顾一家老小。

总算熬过了这一夜。5月24日清晨,产房里传出了婴儿的啼哭声,他欣喜地冲到产房门口,只见护士抱着婴儿祝贺他弄璋之喜。任新民凝视儿子那稚嫩而红润的小脸蛋,情不自禁地露出了幸福的笑意,母子平安,他心满意足。又过了会儿,他被允许见太太了。见到经过一昼夜的煎熬、已经有气无力的爱妻时,他很心疼,却又不知道说什么好。经过反复的思想斗争,任新民激动地对爱妻说:"我完全听你的,你说我走还是不走?"虞霜琴早已胸有成竹,她当即坚定地说:"当然要走,我会把儿子抚养好的。"听了太太的一席话,任新民是又感激、又怜悯,连声说:"听你的,听你的。"任新民坚定了赴美的决心。

1945年5月24日,任新民带着对妻儿的爱恋、祝福与信任,带着对满目疮痍的祖国的眷恋,毅然决然地告别了山城重庆,踏上了赴美的征途。下午2点,任新民一行登上了一架军用飞机。他坐在靠舷窗的位置上,内心充满了惆怅和依恋,喜愁交加,感慨万千。喜的是自己当上了父亲,又能出国长见识了,愁的是妻儿生活的艰辛。他是多么想在妻儿身边多待一会儿,多么想再看看山城内外的山山水水呀!他忍不住地朝着歌乐山医院的方向凝视着,心里默默地向妻子和刚刚出生的儿子告别。

这些天他实在是太疲劳了,在怅惘和眷恋中他迷迷糊糊地睡着了。等他醒来时,飞机已缓缓地降落在印度的一个机场上了。随后,任新民一行饱尝着背井离乡的滋味,在印度的加尔各答换乘海轮,驶向大洋彼岸。任新民在浩瀚的大洋上,郁郁寡欢地度过了数十个日日夜夜,终于登上了美国的西海岸,开始了异国他乡的生活。

潜心攻读

任新民一行实习的工厂,是位于美国东部的辛辛那提磨床铣床厂,这个工厂在当时乃至现在在世界机床界都颇有名气。该厂是一位德国人的后裔开办的,前身是一个铁匠铺,经过艰辛扩张,发展成了一家具有相当规模和很高技术水平的机床跨国公司。通过几个月的实习,耳闻目睹,亲自操作,再加上自己的认真和细心,无论是在设计、工艺、生产方面,还是在管理、经营方面,任新民都收获颇丰,深切地感到在美国大有东西可学。强烈的求知欲使他逐渐产生并坚定了在美国攻读学位、继续深造的念头。完成既定的实习任务外,他利用业余时间继续学习英语。为了筹到攻读学位的学费,他还出去打工赚钱。

实习结束后,任新民考取了美国密歇根大学研究院机械工程专业的硕士研究生,从此开始了他在美国的研究生生活。密歇根大学坐落在美国的一个美丽而宁静的小城安娜堡,这里绿树成荫,芳草连片,环境幽雅,空气新鲜,一派田园风光,确实是读书和钻研学问的好地方。他无暇更无意去赏花观木,而是一门心思投入到学业中。当时与任新民同租住一处宿舍的是李勋和李宓兄弟俩,李勋后来成为我国著名的炼钢技术专家,曾任东北工学院院长,被尊称为中国的"钢铁大王";李宓后来成为中国的无线电技术专家,曾任职于中国科学院电子所,还曾担任

1948年任新民在美国留学时

任新民（左）在美国与同学在一起

哈尔滨军事工程学院、中国科技大学的教授。进入耄耋之年的李氏兄弟，一提起任新民，记忆深刻："任新民在美国时，对学业真是到了痴迷的程度。除了为维持生计而打工外，他把所有的课余时间几乎都用来学习和钻研功课。"任新民专心致志地刻苦攻读，不仅英语水平提高很快，没几个月，他就可以比较流畅地同美国人交谈了，而且他的各门功课基本上都是A级。

任新民深知在美国的时间非常宝贵，他以最大的毅力克制自己集中精力，不能分心，但也时不时地牵挂着大洋彼岸的父母妻儿，虞霜琴又何尝不是如此。但彼此只能靠书信往来得到慰藉。特别是虞霜琴知晓，不管家中发生什么事，都不能影响和动摇任新民的学业，家中所有的事情她都自己扛着，所以她一直对任新民报喜不报忧，为任新民提供了一个平稳而不受纷扰的学习心情。正因为任新民的全力以赴和虞霜琴的鼎力支持，

任新民留美时在校园留影

前后只用了近四年的时间,任新民就以优异的成绩相继通过了硕士和博士论文的答辩,获得了机械工程硕士和工程力学博士学位。

在美国,留学生活是紧张而艰苦的。尤其是在开始之时,第二次世界大战刚结束,美国也是物资匮乏,任新民初来乍到,人生地不熟,英语还没有完全过关,学习的课程又异常繁重;打工也只能干一些苦活、累活、粗活,真是身心疲惫!伟大的目标产生巨大的动力,任新民没有畏难,更没有退缩,而是以顽强的毅力和吃苦耐劳的精神,奔波于宿舍、学校和打工处三点之间。

奋斗总会有收获,也总会苦尽甘来。他考取博士研究生后不久,就兼做助教,经济情况大为好转。在他拿到博士学位前夕，又被美国布法罗大学机械工程系聘为讲师，并承担了研究课题，获得了相应的课题经费。自此，他有了一份稳定的工作，又承担研究课题，工作和生活就比较充实和优裕了。

忙碌和劳累使他无暇东顾，安逸和优裕倒使任新民思乡想家的念头与日俱增。特别是夜深人静的时候，他脑海里盘旋着大洋的彼岸，那里有妻儿、父母、岳母、弟弟和妹妹，有伤痕累累的祖国，有处于水深火热中的同胞和父老乡亲。有时做梦他梦到的也都是这些家乡的事。他恨不得即刻插翅飞回祖国。

刚毅女性

自从1945年5月24日任新民与虞霜琴在重庆歌乐山医院分别后，虞霜琴就开始独自一人挑起抚育儿子的重担，不能再继续读书了，她只好辍学。为了生计，她必须找份工作。刚好当地有所岳庐小学要聘请教师，由于她是中央大学数学系肄业，又有打篮球等体育特长，所以被顺利地聘任了。学校领导了解了她的家庭情况后，还分给她一间住房，她非常感激，很知足。虽有一份固定的工资收入，但由于战乱时期物价飞涨，仅靠她做小学教师这份微薄的工资收入维持母子二人的生活还入不敷出。由于手头拮据，她只好又在附近的沙坪坝中学谋了份代教初中一年级数学课的差事，以贴补母子二人的生活。沙坪坝中学与岳庐小学之间，相距约有20分钟的路程，每天她奔波于两所学校之间，汗流浃背，煞是辛苦。可一回到家中，看到儿子张开两只小手、急切地盼望着妈妈归来时，一切辛苦、劳累都被抛到了九霄云外！

爷爷任海清给孙子取名为光庆。虞霜琴既要到两所学校去上课，又要照顾光庆，忙得不可开交。她去上课时，只好把光庆放在床上，周围围上一些小被子，将光庆锁在屋里。有一次，她跑回家来给儿子喂奶，老远就听到儿子的啼哭声，顿时一阵心酸。她急忙抱起儿子，儿子止住了啼哭，可她自己却忍不住大哭了一场，积郁已久的劳累、思念和孤独无助一齐涌上心头。她真想给任新民写封长信，以泄自己满腹的委屈。可她静下来一想，远水解不了近渴，告诉任新民只能让他分心，影响学业……想来想去，她还是把苦水往肚子里咽，照例给任新民写了一封平安信。

虞霜琴带着儿子就这样一天天地熬着、忙碌着。日子虽过得很艰苦，但看到儿子一天天长大，越来越活泼可爱；还从丈夫的来信中得知他的学业正与日俱进，虞霜琴很欣慰，她情不自禁地感叹："有所失必有所得，没有过不去的坎儿。"她苦苦地盼着、熬着、等着，终于迎来了抗日战争胜利的这一天。1945年8月15日，日本侵略者宣布无条件投降，山城重庆沸腾了，整个中国沸腾了！虞霜琴抑制不住兴奋和激动的心情，也抱着儿子融入了举国欢庆的热潮中。人们载歌载舞，尽情地唱啊！跳啊！锣鼓声、鞭炮声、口号声响彻云霄。夜深了，她毫无睡意，沉浸在幸福的思绪中，自言自语，也仿佛是在对熟睡的儿子说："我们可以回老家了，那里有你姥姥、爷爷、奶奶和父老乡亲。"她归心似箭，很快打点好行装，带着儿子，在同事们的欢送下，告别了重庆，踏上了回皖的归程。

回到故乡后，虞霜琴母子俩受到了任新民的父母、虞霜琴的母亲、亲友及家乡父老的热烈欢迎。乱世重逢，特别是见到了小光庆，大家分外高兴。虞霜琴疲惫的心得到了极大的抚慰和放松，她似乎回到了安全而温馨的港湾，由衷地感到了家庭的温暖和祥和。

虞霜琴是一位闲不住的职业女性，稍做安顿后就开始重掌教鞭，到宁国中学做数学教师。她要教书，还要操持家务、照顾儿子，日子过得紧张而忙碌。好在她年轻力壮，又有家人的帮衬，特别是婆母相助，日子过得比较舒心，转眼间就到了1947年。

天有不测风云，人有旦夕祸福。1947年对任家来说是个多灾多难之年，而且是祸不单行。这一年的春天，任海清因患肺病去世，年方49岁，可谓英年早逝。夏天，安徽宁国又流行脑膜炎，当时的医疗条件非常有限，无情的病魔又夺走了虞霜琴的精神寄托、她心爱的儿子的性命。这一连串的打击，特别是儿子的夭折，使她的精神到了崩溃的边缘。她哭得死去活来，大病了一场。她真想给任新民写封长信，诉说家中的不幸和自己的悲痛、忧伤。痛定思痛，她想到了母亲和婆母，想到了丈夫的学业，这位刚强而豁达的女性终于挺住了，走出了悲痛的阴影。她用巧妙的办法向任新民隐瞒了家中的遭遇，以防他分心，影响学业。

舍弃优裕

身居异国他乡的任新民，工作、学习和生活的环境条件逐步好转，且有了稳定的工作和较丰厚的经济收入。尽管条件越来越优裕，但思国想家的念头却有增无减，他辗转反侧，思念着家中的父母、岳母、妻儿、弟弟、妹妹和父老乡亲，思念着多灾多难的祖国，思念着宁国这块皖南的故土。

任新民时刻关心着祖国大地的变化，他从报纸和广播中得到的信息是多方面的。他仿佛听到了祖国解放的"隆隆"炮声，仿佛看到了中国人民解放军正势如破竹地向胜利挺进，中国正在发生天翻地覆的变化。他欣喜若狂。

迟早要回到中国，去报效自己的祖国，这个信念是坚定的。他在美国得到的信息正反两个方面都有，他担心国内的战事还未结束，一些科研项目并未开展，回国后可能无用武之地。他十分珍惜得之不易的工作和研究项目。如有可能，可以把虞霜琴接到美国；国内情况如果安定下来，也可以直接回国工作——思绪万千，难以抉择，只好随遇而安吧！

"梁园虽好，不是久恋之家。"1949年6月21日，任新民乘坐的英国邮轮从美国旧金山出发，经香港驶向上海。此时，上海已经解放，但国民党反动派还在做垂死挣扎，对上海的吴淞口进行狂轰滥炸。邮轮无法靠岸，到达吴淞口外只好又返回香港，他眼巴巴地望着近在咫尺的上海无奈又返回了香港。在香港逗留期间，任新民真是度日如年，恨不能插翅高飞，立刻踏上解放了的祖国大地。他焦急地等待着，并想方设法尽快返回。任新民找到了一位在港经商的熟人，得到了一张从香港到天津的韩国走私船的船票。归心似箭的任新民顾不得是什么船，也顾不得在哪儿上岸，只要是能回家乡就行。

几经辗转颠簸，任新民终于在1949年8月初到达了天津塘沽港。他的脚踏在饱经沧桑的祖国大地上，尽情地呼吸着祖国的新鲜空气。任新民不顾旅途的劳顿，马不停蹄地赶赴上海。到上海后，由于他行程的改变，阴差阳错，前来上海接他的虞霜琴已返回宁国。

无巧不成书，任新民到上海后，正逢华东军区的军政大学招募科技人员，招聘的告示上赫然落着他仰慕已久的华东军区兼中国人民解放军第三野战军司令员陈毅的大名。他顿生愉悦，旋即报了名，并被接收。之后，在工作人员的带领下，他同已报名的其他人员一起由上海去南京报到。任新民回国后还没有回家，更没有见到家人，他在南京向工作人员说明情况后，告假返回安徽宁国。在任新民返回家乡的路上，到处都是载歌载舞的欢乐人群，喜庆的锣鼓震天动地，"没有共产党就没有新中国""解放区的天是明朗的天，解放区的人民好喜欢"的嘹亮歌声响彻云霄。好一派如火如荼、激情燃烧的场面。任新民既兴奋又激动，自己即将成为革命队伍中的一员了。接虞霜琴去美国的念头早已抛到九霄云外，他欣喜地默默想着："报效祖国有望了！"

坎坎坷坷，历经艰辛。任新民终于在1949年8月5日回到了阔别十余年的家乡。

与家人的团聚使他兴奋至极，但同时也得知了父亲辞世和儿子夭折的噩耗，真是悲喜交加。他与妻子彻夜长谈，家里的遭遇，让他十分悲痛，深感愧对妻子和家人。虞霜琴在风雨飘摇中已经受到了锤炼，她宽慰丈夫道："过去的事情就让它过去吧！一切从头儿开始。"任新民很认可妻子的态度，夫妻俩产生了共鸣，彼此似乎都增添了几分喜悦与希望，活着的人都还得好好活下去。

好事多磨

任新民已在南京华东军区军政大学报了到，准备在宁国县稍事安顿后即赴南京履职。没想到，就在这期间，却发生了一件意料之外的事情。

当时的宁国县刚刚解放，"敌特反"的活动还比较猖獗，所以阶级斗争的弦绷得很紧，民众站岗放哨，儿童团检查"路条"。当县公安局得知大地主任海清的大儿子从美国经香港回来了，无疑把他与美蒋特务联系在一起。任新民被公安局带走并看管了起来，每天由虞霜琴送饭。她千方百计地买些报纸，还找些书籍送给任新民打发时间。

这一突如其来的变故，如同当头挨了一闷棍，打得他丈二和尚摸不着头脑。公安局审来审去，既找不出他是美蒋特务的蛛丝马迹，也不能证明他不是美蒋特务。后经宁国县城一家杂货店老板的担保，任新民才被取保候审，并被严格规定：不能乱说乱动，只能待在家里，随叫随到。心急如焚的任新民简直就像热锅上的蚂蚁，干着急想不出办法。还是有一股闯劲的虞霜琴自告奋勇："我去南京找军政大学的领导。"问明情况后，虞霜琴就直奔南京了。到南京后，她找到了华东军区军政大学负责筹建华东军区军事科学研究室的胡翔九（后来担任华东军区军事科学研究室政委）。胡翔九听了虞霜琴讲述的情况后，非常惊讶，认为宁国县公安局的做法欠妥。随即以军事科学研究室的名义给宁国县公安局发了电报，证明任新民的工作单位和身份。

虞霜琴觉得事情已经办妥，赶紧往宁国县赶。宁国县公安局收到电报后，认为任何人在南京都可以发这样的电报，不足为凭，还是不放人。这下任新民夫妇真是蒙了，焦急却无计可施。可天无绝人之路，正在茫然中的任新民，看到《解放日报》上登载了有陈毅司令员落款的华东军区军政大学录用的人员名单，他拿给宁国县公安局的负责人看。宁国县公安局不能不相信《解放日报》，于是解除了对任新民的监管，恢复了他的自由。

再也不能耽搁了。任新民急匆匆地赶赴南京，正式到南京华东军区军政大学履职，经过集训后，被分配到华东军区军事科学研究室，任研究员。这个研究室里汇集了张述祖、沈正功、马明德、岳劼毅、任新民、钟以文、鲍廷钰、周祖同、何乃民、张禄康、赵子立等几十位著名的留德、留法、留美的专家学者。就在中华人民共和国成立前的9月份，任新民开始了投身国家国防建设的生涯。

第三章
投身国防

研制火箭

在华东军区司令员陈毅的倡导下,华东军区军事科学研究室在南京成立了。研究室成立后即开始了相应的科学技术研究工作。1949年年底,为解放浙江舟山群岛,开辟滩头通道,军事科学研究室受命研制一种由无线电遥控的无人驾驶爆破艇(当时戏称为"水鸭子")。沈正功、钟以文、马明德、任新民、周祖同等参加了这一研制工作,并在长江北岸成功地进行了试验。任新民还主持研制了固体复合推进剂的新型火箭。在得知上海火柴厂错购了一批过氯酸钾(制作火柴用的是氯酸钾)后,任新民以比较便宜的价格购买了这些过氯酸钾。过氯酸钾可作为氧化剂。

当时研制、生产、试验的条件都很简陋，但他们的积极性很高，用土法（包括用碾子碾）制成了中国第一种以过氯酸钾为氧化剂，沥青为燃烧剂的固体复合推进剂，以此复合推进剂制成了固体发动机和火箭，并在水面上进行了发射试验。在今天看来，当初的工作只能算是个雏形，而且安全措施也不够，带有很大的危险性。但就固体复合推进剂和固体火箭发动机技术而言，这确实是一项开创性的技术工作，也称得上是我国第一种固体复合推进剂。

这一固体火箭在解放舟山群岛时没有使用。1952年8月，华东军区军事科学研究室整体划归哈尔滨军事工程学院，剩余的过氯酸钾、制成的固体复合推进剂及发动机等，一并运至哈尔滨，存放或陈列于哈军工炮兵工程系火箭武器实验室，供教学使用。

后来，国防部第五研究院成立，还将2吨过氯酸钾支援给国防部五院，制作了第一批用于表演的固体复合推进剂的药柱。应该说，当年华东军区军事科学研究室在我国固体复合推进剂及固体发动机方面做了开拓和奠基性的工作。

筹建军工

抗美援朝战争的经验和教训沉痛地告诫我们，战争的胜利固然取决于战争的正义性质，取决于参战者的觉悟和勇敢精神，但是，如果我们拥有先进精良的武器装备，我们许多优秀的、英勇善战的儿女就不至于牺牲在战场上，就能减少不必要的伤亡，战争的胜利也会来得快些。正是基于这种考量，党中央、国务院、中央军委出于发展我国武器装备的大计，决定组建培养武器装备研制和使用科技人才的哈尔滨军事工程学院（简称"哈军工"）。学院设立空军工程、炮兵工程、海军工程、装甲兵工程、工程兵工程等科系，并由曾任中国人民志愿军副司令员、对发展先进武器装备备感急切的副总参谋长陈赓负责筹建。哈军工成立时，陈赓被任命为院长兼政治委员。

1952年9月1日，中央批准成立了以陈赓为主任委员的哈军工筹备委员会，副主任委员为徐立行、张述祖、李懋之等10人，任新民被任命为筹备委员会成员之一。1952年8月，任新民奉命到北京，参加哈军工的筹建工作。筹建工作中很重要、也是最困难的，就是解决师资问题。任新民的任务主要是了解各大学和有关科研机构科技人员的有关情况，为领导选择、确定教师人选提供参考意见，并对领导已确定的调入人员，负责前去联系、落实和协助办理手续。

他们的工作是紧张而忙碌的，而且责任重大，有时还要"得罪人"。正是由于他们认真负责和积极主动地勤奋工作，才使得一批知名学者、教授、专家和优秀的年轻科技人员云集北国冰城哈尔滨，为哈军工的创建和发展做了一件意义重大、影响深远的基础性工作，使哈军工很快组建起了一支以老教授、学者为骨干力量的教师队伍。正是这支队伍，在哈军工的创建和发展中发挥了顶梁柱的作用,进而为我军各部门、各单位和整个国防科技工业各部门,包括航天、核工业、航空、舰船、兵器、军用无线电电子等领域的创建和发展,输送了极为宝贵的科技人才。

陈赓院长

1953年9月1日,哈尔滨军事工程学院正式成立。

弥足珍贵的是,在这一阶段的工作中,任新民有幸直接或间接地接触到陈赓院长。陈赓认真负责,雷厉风行,工作中高度的原则性和机动、灵活且幽默风趣的工作作风,深深地感染了他。陈赓的工作作风是:要办的事就非办成不可,而且要快办、办好,不达目的誓不罢休。当年从各大学和中国科学院的一些单位调出造诣深的知名教授和科学家,谈何容易,没有哪个单位愿意把骨干放走!选调教授难,选调知名教授更难。任新民深有感触,京外的单位还好办些,在京单位更难办,找各种理由不放人。如果没有陈赓亲自抓,那是难以完成的任务。陈赓的招数特别多,再难缠的他也能想出办法。在调人的工作上,陈赓知道最重要的是拿到周总理的"令箭",为此,他绞尽脑汁,软磨硬泡,说服周总理批准自己的请求。周总理日理万机,忙得不可开交,陈赓费尽心思,总能抓住机会向周总理汇报工作,有时竟追到洗手间,请总理签字。周总理多次向陈赓发出警告,这是最后一次,下不为例。陈赓总是能找出再破例的理由，选择机会使总理顺理成章地再次破例。周总理开玩笑地说："陈赓，我真拿你没办法。"

拿到周总理的批件后，还要做被调人员所在单位及本人的工作，如高教部及其所属大学、中国科学院及其相关单位领导的工作。陈赓从不打无准备之仗，他总是具体分析所调人员的难度，采取相应的、有针对性的办法。好在这些领导人当中多数是陈赓的老部下、老战友、老同事。陈赓采取"软硬兼施，苦口婆心"的工作策略，有的是他亲自打电话沟通，然后指派任新民等有关人员前去联系、办理；有的是他亲自登门拜访；偶尔，他也"动粗""恫吓"几句，"某某某，你吃了豹子胆了！总理定的事，你也敢顶着不办，再顶着，老子有你好看的！"可他对具体负责联系、办理的任新民等人反复叮嘱："我们是求贤若渴，我们是求人家，要心平气和地做工作，切不可以'尚方宝剑'压人。"他还要求对被调人员一定要做耐心细致的工作，好事要办好。正是由于陈赓忘我而负责的工作，以及机动、灵活、巧妙而恰到好处的工作方法，才使得哈军工创建时适时地调入了一大批教授和教学骨干，打牢了办学中发挥主导作用的教师队伍的坚实基础。

在哈军工筹建过程中，任新民在陈赓的领导与组织指挥下，出色地完成了荐人举才，选调教授、科学家及其他教学骨干的任务。更为难得的是，他亲自领教了陈赓的认真负责，"做事就做成、做好"的坚韧不拔的精神和品格，更领略了陈赓的睿智和游刃有余的工作方法。"榜样的力量是无穷的"，任新民不

20世纪50年代，任新民（左一）在哈尔滨军事工程学院

仅在哈军工筹建过程中充分学习、践行和发扬陈赓的这种工作作风和工作方法，更在他从事航天事业50多年的历程中，始终坚持"要干的事就一定锲而不舍地干成、干好"的工作作风。他的这一品格和作风的形成，与陈赓这一楷模的影响是密切相关的。

哈军工虽是初创，但陈赓"两老"办院的思想深入人心，让老师们备感亲切。"两老"是指军队的老干部和师资队伍中的老教师。依靠"两老"办院就是发挥老干部、老教师的中坚骨干作用，以便把全院人员带动起来，办好学院。

1952年12月9日，陈赓在全院党员干部会议上说："我们的口号是'两老'办院，就是依靠老干部、老教师，上上下下团结得像一个人，齐心协力，共同完成党交给我们的光荣任务，这就是我们'团结建院'的指导方针。"12月11日，陈赓又主持召开老教师座谈会，他说："在我们学院建设中，你们是一根柱子，军队来的老干部也是一根柱子，只有依靠这两根支柱，学院才能办好。"1953年7月1日，纪念中国共产党诞生32周年时，陈赓在老干部、老教师座谈会上提出："既要承认二万五，也要承认十年寒窗苦。"他还说："老教师的知识来之不易，在科学技术上奋斗了几十年，也是老资格，要办好军事工程学院，首先要依靠老教师，不能光靠二万五。"作为经历过旧社会、又从美国留学归来的高级知识分子的任新民，陈赓院长的这些话温暖了他的心，信任感、使命感和主人翁意识油然而生。

经过近两个学年的运转，军事工程学院的教学工作及其他各方面的工作都基本步入了正轨。任新民深藏在心底的愿望终于有机会向领导提出，那就是到基层去，从事具体的教学工作。1955年上半年，他终获批准，被任命为炮兵工程系副主任兼火箭武器教授会（教研室）主任、教授。1955任新民他被授予技术上校军衔。自此，他跨上了研制火箭武器的一个新台阶。

结识钱学森

1955年10月8日，著名科学家钱学森返回祖国，10月28日抵达首都北京，11月23日钱学森一行到达北疆之行的第一站——哈尔滨。原来日程的安排并无参观哈尔滨军事工程学院一项。周总理在北京接见钱学森时，钱学森曾提到他有一个老同学周明鸂在东北一所大学里教书。周总理说："他在哈尔滨军事工程学院，你应该去看一看。"钱学森还提出，他有两个朋友，一个叫庄逢甘，一个叫罗时钧，希望这次能见到他们。罗时钧是钱学森在美国时的学生，庄逢甘也是学生辈，现都在哈尔滨军事工程学院工作。陪同的中国科学院朱兆祥将钱学森的要求报告了中共黑龙江省委。11月24日，钱学森一行参观返回住处时，省委来电话告知，哈军工请示了在北京的陈赓院长，欢迎钱学森访问、参观学院。

11月25日上午8点多钟，钱学森一行来到哈军工。出乎钱学森意料的是，前来迎接的竟是时任总参谋部副总参谋长兼哈尔滨军事工程学院院长、政治委员陈赓大将。尽管陈赓工作繁忙，但是为了欢迎钱学森的到来，特意起了个大早，乘专机从北京赶到哈尔滨，这使钱学森又一次感到党和国家领导人对他的重视和寄予的厚望。这一天上午，陈赓带领刘居英、刘有光、徐立行等陪同钱学森参观了海军、装甲兵、工程兵三个系和新落成的体育馆。钱学森站在大操场环顾四周，惊叹道："太气派了，这样大的校园，在美国也不多见。"钱学森的老同学周明鸂说："空军工程系和炮兵工程系的教学楼更大。"后来在参观空军工程系教学大楼时，钱学森兴奋地说："太漂亮，太壮观了！"在参观炮兵工程系室外的一个小火箭试验台前，钱学森停下了脚步。这是一个固体推进剂火箭试验装置，在这里，钱学森第一次见到了任新民，钱学森很有兴趣地和任新民讨论了起来。钱学森提醒任新民，要注意第二次世界大战中德军V-2导弹袭击英伦三岛时，火箭落点散布服从泊松分布规律的现象。在观看固体火箭试车时，钱学森十分兴奋，称赞道："不容易，你们的研究已有相当深度，尽管条件有限，毕竟已经干起来了嘛！能迈出这一步，实在出乎我的意料。"陈赓见时机已到，便插话问道："钱先生，您看我们能不能自己造出火箭、导弹来？"钱学森在美国憋了一肚子气，所以他脱口而答："有什么不能的，外国人能造出来的，我们中国人同样能造得出来，难道中国人比外国人矮一截不成？！"陈赓听到钱学森这一席话，开始十分惊异，继而十分高兴，他握住钱学森的手说："好，钱先生，我就要您这句话。"多年以后，钱学森才知道，陈赓是带着周总理和国防部部长彭德怀的指示，专程赶赴哈尔滨，就此问题专门听取钱学森意见的。任新民在一旁默默地倾听两人的对话。过了一会儿，任新民伺机拿出一份美国空军的训练教材，就固体推进剂的配方问题，与钱学森进行探讨。钱学森对军事工程学院的徐立行教育长说："任教授是你们的火箭专家，我今天有幸认识了他。"徐立行说："任教授前几天刚向国防部提出研制火箭的建议，他在南京军区军事科学研究室时就开始搞火箭的研究工作。"离开时，钱学森紧紧握住任新民的手说："我们一见如故，希望我们不久再见面，深入探讨一些问题。"真是知音相见恨晚。

11月25日晚，陈赓专门为钱学森举办了一个秘密而隆重的晚宴。因为晚宴所涉及的内容在当时都是高度机密事宜，所以没有请省市的负责同志。除钱学森和朱兆祥之外，都是军事工程学院的主要领导和教授，任新民主陪。晚宴的主题是导弹。钱学森向陈赓较详细地分析了中国研制导弹的具体操作问题。钱学森指出，中国研制导弹的关键问题是自动控制技术和发动

2008年5月24日，哈尔滨军事工程学院建校50周年时合影（左四为任新民）

机技术，射程为300千米到500千米的近程导弹，弹体和推进剂两年时间可以解决，80%的工作量在于自动控制和动力系统。陈赓当即表示："钱先生的话让我心里有底了，我们一定要搞自己的导弹。"

经过振奋人心的探讨，这次晚宴成了中国研制导弹的序曲。钱学森和任新民彼此较系统地交换了对导弹与火箭技术的见解。两人越说越投机，相互间都留下了深刻的印象。这也许就是任新民航天缘分的前奏。

第四章

开拓奠基

三人建议书

1955年,时任哈军工炮兵工程系教育副主任兼火箭武器教授会主任的任新民,全力以赴地从事着教学工作。他负责组织管理全系的教学工作,要给助教队的教员们授课,还要组织全系专业教研室编写专业课的教材,并亲自编写《火箭武器》的讲义。工作紧张而有序。他搜集并研究国外关于火箭与导弹武器的资料,特别是第二次世界大战中,德国法西斯袭击英伦三岛时使用的V-2导弹的资料,调查研究未来战争的态势和武器装备的发展动态与趋势,特别是美国、苏联在第二次世界大战后加速发展火箭与导弹武器装备的有关报道。任新民同金家骏、周曼殊三人，紧密结合中国的实际，就我国发展导弹与火箭武器的必要性、可行性及实现的途径等，进行了较详细的论证，并对如何发展提出了具体的建议。1955年上半年，任新民等三人完成了《对我国研制火箭武器和发展火箭技术的建议》的上报稿，提请有关系院领导与专家教授提出补充修改意见。该报告几经修改、补充和完善，于1955年11月由哈尔滨军事工程学院转报中央军委。当时主持中央军委日常工作的彭德怀元帅和总参谋长黄克诚大将看过这个报告后，请总参谋部装备计划部部长万毅中将和刚刚回国的钱学森研究，详细分析我国研制火箭与导弹武器的有利条件及需要解决的问题。万毅、钱学森会同有关人员研究了任新民等三人提出的建议，并在深入调研的基础上，提出了《关于研究与制造火箭武器的报告》。1956年1月20日，彭德怀元帅主持召开了中央军委扩大会议，专题研究讨论这个报告，彭德怀在会上说："我们要解决火箭防空、海上发射火箭等问题，目前即使苏联不帮助，我们也要自己研究。苏联帮助，我们就去学习。"这是我国国家和军队领导人首次讨论关于研制火箭与导弹武器的问题。

当九旬高龄的任新民看到《当代中国的国防科技事业》一书中记载的这一段历史时，往事的回忆慢慢浮现：当时这一想法主要是基于对中华民族百年来的屈辱和忧患的切身体会，也来源于陈赓对我军武器装备落后的切肤之痛。陈赓不止一次地讲，在抗美援朝前线，敌军的士气、指挥艺术等远不及我们志愿军，唯独武器装备比我们先进，面对敌人的狂轰滥炸，我军不得不构筑工事，凭借阵地坑道化，才能杀伤敌人，保全自己。落后就要挨打，就会牺牲更多的中华优秀儿女。我们炮兵工程系无疑应该有这个使命感和责任感。任新民一到炮兵工程系，就同金家骏、周曼殊等人讨论这件事，最后形成了这个发展火箭武器的建议。

现在看来，当时提出的研制和发展火箭与导弹武器的建议，无疑具有极强的前瞻性。这一建议在我国导弹与航天事业创建与发展中的开拓意义是不言而喻的。

"喷气和火箭技术"上规划

1956年是我国科学技术事业充满生机的一年，是我国科学技术事业发展的第一个春天，也是我国航天科技工业诞生之年。

1956年1月25日，毛泽东主席在最高国务会议上指出："我国人民应该有一个远大的规划，要在几十年内，努力改变我国在经济和科学文化上的落后状况，迅速达到世界先进水平。"1月31日，周恩来总理又在全国政协会议上向全国人民发出了"向现代科学技术大进军"的伟大号召，我国的科技事业呈现出一派欣欣向荣的景象。

1956年3月，国务院成立了以周恩来总理为主任委员，陈毅、李富春、聂荣臻副总理为副主任委员的科学规划委员会，组织全国600多位科学技术专家，并邀请近百名苏联专家，历时数月的研究、论证、讨论，编制出《1956—1967年科学技术发展远景规划纲要（草案）》，在"重点发展，迎头赶上"和"以任务带学科"方针的指导下，确立了13个领域57项国家重点科学技术任务，并确立12个带有关键意义的重点项目或课题。其中特别强调发展原子能技术、火箭与喷气技术、电子计算机技术、半导体技术、无线电电子科学技术、自动化技术等。这一科学技术远景规划纲要成为当时全国人民向现代科学技术进军的行动纲领。

任新民应邀参加了这一规划纲要的研究、论证、讨论和制定工作。其中第37项《喷气和火箭技术的建立》就是在著名科学家钱学森的主持下，由任新民与王弼、沈元等合作制定的。这一项目规划将火箭、导弹和喷气技术纳入了国家中长期科学技术规划，勾画了这些技术的发展蓝图，对推动我国国防科技和航天科技事业的发展起到了重要的奠基作用。

这一项目规划中明确地指出："喷气和火箭技术是现代国防事业的两个主要方面：一方面是喷气式飞机，一方面是导弹。没有这两种技术，就没有现代的航空，就没有现代的国防。建立了喷气和导弹技术，民用航空方面的科学技术问题就不难解决了。"

该项目规划提出了发展的目标，即"本项目的预期目标是建立并发展喷气与火箭技术，以便在12年内使我国的喷气与火箭技术走上独立发展的道路并接近世界上先进的科学技术水平，以满足我国国防的需要"。这一项目规划中还制定了完成预期目标的途径与措施，其中有一条："必须尽量先建立包括研究、设计和试制的综合性的导弹研究机构，并逐步建立飞机方面的各个研究机构。""国防部成立航空委员会,在航空委员会下成立导弹研究院,该院自1956年开始建设,1960年建成。"这一项目规划中还明确了完成预期目标的大体进度:"1963年至1967年,依靠中国自己的技术力量,独立设计并制造国防上需要并达到当时先进性能指标的导弹。"

实践证明,中国导弹与航天事业的创建及早期型号立项、研制,基本上执行了这一项目规划所述及的内容,尤其是1965年确立的"八年四弹"规划也是这一项目建议书的延伸和发展。

筹建五院

1956年,我国的科技事业充满了生机活力,也正是在这一年孕育并诞生了我国的导弹与航天事业。

1956年2月17日,钱学森将其撰写的《建立我国国防航空工业意见书》呈送给周总理。当时为了保密,用"国防航空工业"代替火箭导弹工业。《意见书》提出了我国火箭与导弹事业的组织机构草案、发展计划、实施步骤和一些具体措施。意见书还列出了一些可以调来从事火箭与导弹事业的高级专家名单,其中包括任新民、梁守槃、庄逢甘、罗时钧、林同骥、胡海昌等。后来,《意见书》的大部分内容被收入了国家《1956—1967年科学技术发展远景规划纲要(草案)》的第37项《喷气和火箭技术的建立》的项目规划之中。

1956年2月22日,周总理指示,将钱学森提出的《意见书》

印发中央军委各位委员。3月14日，周总理在中南海西花厅主持中央军委会议，研究决定由周恩来、聂荣臻等筹备组建我国导弹与航空科学研究的领导机构——航空工业委员会（简称航委）。4月13日，航空工业委员会成立，聂荣臻副总理任主任，黄克诚、赵尔陆任副主任，委员有王士光、王诤、安东、刘亚楼、李强、钱志道、钱学森，安东兼任秘书长。航委统一领导我国的航空与导弹事业。在国务院副总理、中央军委副主席聂荣臻元帅的领导与主持下，航委的工作紧锣密鼓地开展着，5月10日，聂荣臻代表航委向中央军委提出了《关于开展我国导弹研究工作的初步意见》。5月26日，周总理主持中央军委会议，研究讨论聂帅提出的"初步意见"，会议同意聂帅的"初步意见"，责成航委负责组建导弹管理局（国防部五局）和导弹研究机构（国防部五院），并指定钟夫翔、钱学森为负责人。

就在国防部五局和国防部五院筹建工作紧张进行时，任新民于1956年8月奉命从哈尔滨调到北京，参加国防部五院的筹建工作。当时，中央军委批准将总参谋部北京106疗养院、124疗养院和北京军区空军466医院腾给国防部五局和五院做办公用房。任新民报到时，航委秘书长安东少将亲自接待了他，并再三请他住招待所。可这位憨厚朴实、满腔热情、一心追求事业的任教授，执意在自己的办公室里安张床就可以。他的理由很充分，现在天气不冷也不热，在办公室里方便工作和学习。这样，他就在北京阜成门外马神庙106疗养院一间改修的办公室兼宿舍的房间里安顿了下来，开始了他迄今50多年的航天生涯。

他是只身一人到北京的,在冰城哈尔滨的家中还有年过花甲的母亲、岳母、妻子和四个未成年的子女,老四才刚过满月。夜深人静的时候,他望着天幕上闪烁的繁星,暗想:天气越来越凉了,他们老少七口可别感冒了。他很愧疚,觉得自己不是合格的儿子、丈夫和父亲,没有尽到责任。于是提笔写封家书,以表思念和问候。写着写着,又想起了那神秘与陌生的导弹火箭技术,叹一口气,搁下笔,他又去考虑工作上的事了。

万事开头难,筹建工作中最大的难题是选调科技人员。任新民在筹建哈军工时,做过相关的工作,所以他又被委派参加国防部五院选调科技专家的工作。虽然往首都北京国防部五院选调科技人员,要比往北国哈军工选调科技人员在某些方面有有利条件,但也有很多困难和矛盾,需要做艰苦细致的工作:如被调人员所在单位是否同意调出,专业是否对口,本人是否同意调入,政治条件是否合格,等等。任新民坚持公心,实事求是地向领导和干部部门提出参考意见。

在科技人才寥若晨星的20世纪50年代,国内正在执行国民经济建设的第一个五年计划,各部门、各单位都是求贤若渴,有名气的科技专家和教授更是单位的宝贵财富,调人难,难于上青天。任新民当时就遇到了一件左右为难的事。在他离哈赴京报到时,哈军工主持工作的刘居英副院长举行了欢送宴会,为任新民饯行,刘副院长半开玩笑地对任新民说:"老任啊,组织调你走,我们没办法留。哈军工的人员你都很了解,可要嘴下留人,别把哈军工的教学骨干都给挖走了。"任新民知道这个玩笑的分量，只是微笑着点头。任新民按照领导的要求，开展着高效而务实的工作，不遗余力地做有关单位和被调人员本人的工作。他们的工作取得了丰硕的成果，很快就从全国各地、各部门和高等院校选调了30多名科技专家，还从应届大学毕业生中挑选了156名各有关专业的优秀毕业生。这些人就是中国航天事业的拓荒者，他们开始了中国航天创建发展的光辉历程。

经过紧张、忙碌而有序的筹备，中国的导弹与航天事业迎来了喜庆的日子。1956年10月8日，国防部第五研究院在北京西郊空军466医院举行成立大会，大会开得简朴而隆重，国务院副总理、中央军委副主席、航委主任聂荣臻元帅到会祝贺并做重要讲话。聂荣臻宣布："同志们，中国第一个火箭与导弹研究院——国防部第五研究院今天正式成立。"聂荣臻还做了热情洋溢、激人奋进的讲话，勉励大家以自力更生、奋发图强的精神学习研究，毕生致力于我国的导弹事业。

10月8日是我国导弹、航天事业奠基的历史性纪念日。任新民怀着兴奋而激动的心情参加了成立大会，全神贯注地聆听聂帅慷慨激昂且刚劲坚毅的讲话，备受鼓舞。他意识到党和国家下决心干这件事，作为科技人员大有用武之地。

接收"P-1"

1956年10月15日，聂荣臻在向中央呈送的报告中提出：我国的导弹研究，采取"自力更生为主，力争外援和利用资本主义国家已有的科学成果"的方针，10月17日，毛泽东主席、周恩来总理批准了这个方针。这就是国防部五院的建院方针。自此，任新民同广大的科技人员、干部、工人就在这一方针的指引下，迈出了攻关创新、拼搏攀登的步伐，走出了一条适合中国国情的发展道路。

为了使年轻的中国导弹科技队伍能尽早地初步了解导弹技术知识，按国防部五院院长钱学森的提议，开办了导弹技术知识训练班，采用能者为师、互教互学、边讲课边讨论的办法。这些中国导弹与航天事业的创业者们，开始如饥似渴地学习有关导弹的专业技术知识。在1956年10月10日，即国防部五院成立的第三天，训练班就开课了。由钱学森院长带头，先后讲授了"导弹概论""导弹制导原理""电子计算机"等课程。任新民、梁守槃、庄逢甘、朱正等从哈军工调来的教授、副教授们也都披挂上阵，讲授各自擅长和熟悉的与导弹技术有关的专业技术知识。任新民讲授"火箭武器"，他以严肃认真的态度查找资料，认真备课，写出教案，受到了听课者的一致好评。他不仅备课认真，授课严谨，更值得称颂的是他听课时全神贯注，总是像学生一样认真记笔记。时至今日，航天先行者们对这段历史仍然记忆犹新，盛赞当年任教授课讲得好，夸赞他听课用心，笔记记录详细，有些缺课的同事都找他补笔记。这已成为他工作和治学的一大特点。几十年来，包括他担任七机部副部长和型号工程总设计师时，无论是航天型号工程的调度协调会、技术方案的讨论会，还是听取汇报和情况介绍，他总是一丝不苟地做笔记。他反对在软沙发的会议室开会，因为不好记笔记，人也容易犯困。别人说过的事如果想事后赖账，他拍板决定的事谁漫不经心，都是不行的，因为任新民会拿出详细的记录同他理论。

国防部五院创建时期的工作是紧张而忙碌的。1956年11月30日，苏军总部通知聂荣臻、陈赓，两发P-1导弹及其配套设备即将运往中国，同时有13名专家抵达。1956年12月，任新民接受了一项紧急任务，由其带队乘专列前往满洲里接收苏联援助的两发P-1液体近程弹道导弹（苏联仿制德国的V-2导弹）及其辅助装备。

时值北国的隆冬季节，他与参加接收的全体人员住在满洲里军分区的招待所里。当他走出房间仰望长空，浩瀚的蓝天悬挂着硕大的太阳，虽有些暖意，但回过头来一看，挂在招待所门口的温度计，却是零下30多摄氏度，入夜则达到零下40多摄氏度。任新民虽已在哈尔滨经受过严寒的考验，但哈尔滨的寒冷要比满洲里逊色得多。但是，使命在身、责任在肩，来不得半点马虎。任新民冒着严寒，一次次到车站查看现场，研究警戒工作，为迎接"宝贝弹"做好各项准备工作。尤其是他这位离不开近视眼镜的人，更是遇到了困难，从外面一跨进楼里，或从楼里走到外面，镜片上便结上了一层薄霜，什么都看不见了，每次总是花费时间进行一番处理。

等啊，盼啊，苏联载有两发P-1导弹及其配件、备件的专列终于驶达位于中苏边境的满洲里火车站。由于苏方为宽轨，中方是窄轨，P-1导弹进入我国后，需要调换车皮，进行卸装。为了保密，调换、卸装任务只能在晚上进行。带队的任新民不仅亲临现场进行组织指挥，提醒吊装、搬运中注意安全，检查有无泄密问题，他还毫不犹豫地加入卸装导弹的行列，当起了搬运工。当时他虽然只有40多岁，可毕竟不是20岁的小伙子，又是在零下40多摄氏度严寒的深夜，戴着近视眼镜，深一脚浅一脚地干着。他一看到那绿油油的导弹，想到离京时领导和同志们的嘱托，心里就热乎乎的，全身有使不完的劲。正是由于任新民和工作组的同志们以及苏军官兵们夜以继日的工作，两发P-1导弹及其配件、备件等如期顺利地运到北京。

1956年12月29日，中苏双方在北京举行了两发P-1导弹交接验收及签字仪式，任新民作为中方代表在交接协议上签了字。

至此，中国有了两发P-1导弹。其中一发是供教学用的解

1956年12月29日，任新民（前排右二）在苏联援助的P-1导弹实物交接协议上签字

剖弹，另一发是完整的，可供拆装，可以加注推进剂进行点火发射的导弹。当时的国防部五院六室承担了拆装、测绘和有关的仿设计练兵工作。任新民作为研究室主任，组织有关科技人员开展了导弹的拆装、测绘和材料鉴定等工作。导弹拆卸工作由徐兰如、谢光选带领六室结构组的科技人员进行，并从空军请了两位机械师帮助。他同结构组的同志共同研究制定了拆卸的工艺程序，明确先拆哪个部件，后卸哪个部件，拆下的部件、组件放在什么地方。他们为大部段做好了存放的支架；为小零件准备了包装纸袋，装进后写明件数、编号。螺钉、螺帽、垫圈卸下后再成套拧在一起，然后装入纸袋。

拆卸时，重要的部位由机械师先试拆，简单的部分由结构组人员轮流干。他们小心谨慎，有条不紊地把一发完整的P-1导弹拆卸成部段、部组件和零件，一共用了10天时间。

紧接着由各专业组分别对有关组件进行测绘、测试。结构组在拆卸场对大部段测绘，并绘制草图；控制系统组将仪器、仪表、器件和电缆网拿回办公室进行测试、绘图；全套发动机交给发动机组进一步拆卸，按组件指定专人负责，将大大小小的活门、减压器等逐个拆开，然后拿回办公室测绘。

经过半年紧张有序地测绘，任新民他们出色地完成了测绘任务，然后进行了重新装配，最后用吸尘器将导弹内部打扫得干干净净，又用细布将外部擦拭一遍，一个完完整整、干干净净、油光锃亮的P-1导弹又雄踞在库房中。

按测绘要求，除绘制部组件、零配件的机械图，注明尺寸公差外，还需标明所使用的材料及成分。为此，任新民请来了当时二机部第四研究所（后为航空部材料研究所）的领导荣科、吴世泽等参观P-1导弹，介绍有关情况，请四所帮助鉴定材料的化学成分。国防部五院正式提出了请四所协助鉴定材料成分的零部件清单。四所的科技人员加班加点，仅用一个多月的时间就完成了这些零部件材料的化验分析工作，到1958年年初，四所陆续给国防部五院送来了分析化验的结果。后因仿制P-2导弹的工作已经开始，决定不仿制P-1导弹，P-1导弹的有关工作告一段落。

这两发P-1导弹在我国导弹事业创建史上发挥了特殊的作用。年轻的中国导弹科技队伍开始从感性上认识导弹，并学习了有关的导弹基础知识，这对中国导弹科技队伍的成长起到了启蒙的作用。这两发P-1导弹在国防部五院完成历史使命后，又派上了新用场，解剖弹于1958年春运往哈军工；另一发经过拆装的P-1导弹于1958年夏运到北京航空学院，继续为我国培养新一代导弹与航天科技人才发挥作用。

正当拆装、测绘P-1导弹的工作紧张进行时，任新民又接受了赴苏联、波兰、捷克等国参观考察的任务。任新民此时已调入国防部第五研究院工作，陈赓让他仍以军事工程学院炮兵工程系教育副主任的名义参加参观团。

1957年5月31日，参观团到达莫斯科。在莫斯科先后参观了茹科夫斯基空军工程学院、捷尔任斯基炮兵工程学院、斯大林坦克工程学院、古比雪夫红旗工程兵学院、伏龙芝军事学院

（相当于当时的南京军事学院），在基辅参观了莫亚依斯基空军工程学院和空军雷达学校，在列宁格勒（现彼得格勒）参观了克雷洛夫海军工程学院（研究生院）、捷尔任斯基海军学院、伏罗希洛夫海军学院（海军指挥学院）。在波兰参观了顿布罗夫斯基军事工程学院（综合性）和雷达学校。在捷克参观了安托宁·萨布罗斯基军事工程学院（综合性）。参观团8月10日回到北京，历时70多天。这70多天的参观，使他受益匪浅，收获颇丰，对他后来从事导弹与航天科技工作及组织领导工作都大有益处。

仿制"P-2"

1957年10月15日，中苏双方签订了《中华人民共和国政府和苏维埃社会主义共和国联盟政府关于生产新式武器和军事技术装备以及在中国建立综合性原子能工业的协定》（简称《新技术协定》）。协定中明确，在1957年至1961年年底，苏联向中国提供几种导弹样品和有关技术资料以及导弹研制与发射基地建设的工程设计资料，派遣专家帮助中国仿制导弹，增加中国派赴苏联的火箭与导弹专业留学生的名额等。

《新技术协定》的签订使我国导弹事业的创建发展获得了新的契机。1957年11月21日，经聂荣臻元帅批准，国防部五院成立了一分院和二分院。以国防部五院十个研究室中的五个组成一分院，负责各类导弹总体设计和弹体、发动机的研制；以另外五个研究室和军委通信兵部军事电子科学研究院为基础，组成二分院，负责各类导弹控制系统的研制；以国防部五院机关为基础组成总院。

组织上考虑了任新民个人的意愿，任命他为一分院四室（发动机研究室）主任。1958年4月，一分院四室改组为一分院第三设计部（液体火箭发动机设计部），他担任该设计部主任。他确实是忙碌极了：一方面是紧张地筹建设计部，制订设计部的组织机构方案，确定专业技术方向，选调科技人员；另一方面又要开展业务工作，特别是苏联的液体近程弹道导弹的仿制工作。那时他43岁，年富力强，精力充沛，似乎有使不完的劲。

根据中苏签订的《新技术协定》，1957年12月24日，两发P-2导弹（苏联在P-1导弹基础上改型研制的液体近程弹道导弹）及一套地面设备经由满洲里运抵北京云岗驻地，苏军一个缩编的P-2导弹营102人也同时到达。1958年1月13日，由国防部五院和军委炮兵筹建的炮兵教导大队正式开始第一期的训练。

1958年5月29日，聂荣臻向国防部五院部署P-2导弹的仿制工作。这枚导弹在4月28日被命名为"1059"，计划于1959年9月完成总装出厂，争取国庆节试射。自此，P-2导弹的仿制工作全面展开。

1959年3月31日，国防部五院任命任新民为"1059"的发动机总设计师。1959年1月，苏联指导和帮助中国仿制P-2导弹的专家陆续到达国防部五院，派到液体火箭发动机设计部的苏联专家共有5人，组长是施涅金。这位50多岁的老专家，有真才实学，又热衷于中苏友好，愿意来华帮助中国发展导弹事业。任新民与分管专家工作的液体火箭发动机设计部的副政委吴之真同施涅金三人工作配合很默契，彼此间产生了深厚的感情。任新民认真地按照聂帅和国防部五院的要求，带领科技人员虚心地向苏联专家学习，决心把苏联专家的技术知识全面系统地学到手。他带领技术骨干跟班向苏联专家对口学习，并要求及时整理学习笔记。施涅金是一位性格豪爽、热情耿直的科技专家，虽然仅在华工作了一年半的时间，但对中国仿制导弹工作和科技队伍培养都起到了积极作用，做出了贡献。

P–2导弹的动力装置为5D52液体火箭发动机，这是我国第一个自己制造的液体火箭发动机。当时1059导弹的仿制工作以国防部五院为主，全国有1400多个单位参加。就发动机而言，410厂承制发动机，111厂承制涡轮泵。发动机上的各种活门原先安排在西安某厂生产。1958年8月，任新民、吴之真陪同苏联专家到该厂了解检查活门仿制的生产情况时，看了生产出来的产品，苏联专家愤怒了："对产品质量如此不负责任，简直就是对国家的犯罪。"根据苏联专家的建议，国防部五院取消了该厂生产活门的生产任务，转交给211厂。

对于承制发动机和涡轮泵的410厂和111厂，任新民、吴之真等多次陪同苏联专家前去检查。要求工厂对每一个零部件的生产、每一道工序，都要一丝不苟地按设计要求和工艺规程严格执行与检查，任何超过设计允许公差范围的产品都要做报废处理。正是由于这种极其严格的质量要求，以及任新民等发动机设计人员深入实际、认真负责的工作态度，才保证了"1059"液体火箭发动机的仿制成功。

液体火箭发动机是导弹的心脏，仿制中不仅需要弄懂设计中的一些难题，还要攻克诸多涉及材料与工艺方面的技术关键，仿制并非易事。特别是受到我国当时工业技术基础与材料技术水平的限制，更需要突破一系列的新难技术。如燃烧室的焊接裂纹问题、涡轮泵轴承密封问题、各种自动器特别是高压减压器的装配与调试问题，等等。任新民要求我们的科技人员不仅要以主人的身份热情接待和关照苏联专家，而且要虚心地向他们请教，弄清楚设计图纸和技术资料中的各种技术问题，并与苏联专家一起下车间，具体了解和解决各种技术问题。任新民身体力行，处处起表率作用。他同液体火箭发动机设计部以及承制单位的科技人员精诚团结，通力合作，充分发扬技术民主，与广大的科技人员共同讨论和研究有关技术问题，硬是凭着蚂蚁啃骨头的精神，潜心研制，反复试验，终于解决了一个个技术难题，保证了仿制工作的顺利进行。

在发动机仿制中，最突出的是材料问题。如果一味地依赖进口外国材料，不仅在时间和价格上要受制于人，而且永远也走不出中国人自己的路。聂帅为此专门做了批示："我意，外料未到，应用国料试制，不要专赖外援。在试验过程中可能遇到失败，决不可怕。只有在不断试验中才能取得经验，材料也可能在试验中找到出路。"任新民从心底里赞同聂帅的意见，就使用国产材料和材料的国产化问题做了大量艰苦细致的工作。

1959年11月，国防部五院一分院根据1059导弹，特别是液体火箭发动机仿制的需要，先后由任新民、姚桐斌等与冶金部101厂、鞍钢、抚顺钢厂、大连钢厂、沈阳苏家屯有色金属加工厂、钢铁研究院等单位签订了试制155项金属材料的协议，还与石油部、化工部、建工部、轻工部所属的20多家单位签订了试制87项非金属材料的协议。这些协作单位的研制成果不仅保证了导弹仿制工作的顺利进行，还为后续的导弹事业的发展和协作单位的发展奠定了基础。

1960年4月，已经到了5D52发动机仿制的后期，发动机总装完成后的试车以及装弹后发射必须解决的推进剂问题已经提到议事日程。当时苏联专家组总组长潘克拉托夫提出：液氧必须从苏联进口。液氧是超低温、高挥发性，且易燃易爆的流体，靠铁路或公路槽车从苏联运来几乎是解决不了的技术难题。当

1959年秋天，任新民（右）、梁守槃（左）与苏联专家在香山公园

时，我国兰州的一家化学实业公司生产液氧。任新民等提出，只有用我国自己生产的液氧，才是解决问题的唯一出路。他们将国产液氧的化验资料与设计技术要求相对照，认为国产液氧完全符合设计技术要求，可以使用。他们又将兰州化学实业公司生产的液氧分析化验资料送交发动机专家组组长施涅金，请其定夺。施涅金以科学的态度，反复验证了样品和试验数据，反复对照发动机的设计技术要求，最后明确表示："中国生产的液氧性能符合设计要求，可以使用。"这个结论举足轻重，也更加坚定了任新民等使用国产液氧的决心。1960年9月10日，经过拆装练兵的P-2导弹在酒泉基地进行发射飞行试验，使用的液氧、酒精、过氧化氢，分别是由兰州化学实业公司、北京酿酒总厂、天津东方化工总厂试制生产的，飞行试验获得圆满成功。这就进一步验证了任新民、施涅金等的分析和判断。

高压减压器是发动机的精密机件，技术要求很高，其密封及传力器件使用的特种橡胶膜片很难制造。苏联的自动器技术专家谢苗诺夫和工艺技术专家马蒙诺夫一致断言中国制造不出这种膜片和高压减压器，必须从苏联进口。任新民坚决贯彻聂帅和国防部五院关于研制生产导弹武器的原材料立足国内的原则，不盲目相信苏联专家的断言，不盲目照搬、照抄，他同有关的科技人员认真调查研究国内的有关情况，反复讨论，反复研究，反复试制，反复试验，终于研制成功了合格的特种橡胶膜片和高压减压器等。

这些材料和产品的自制成功，不仅保证了1059导弹的仿制成功，增强了中国人的自信心，还为我国导弹事业走上独立自主的发展道路奠定了初步基础。

要完成发动机的仿制必须进行发动机的地面试车和各种地面试验，必须建设试车台。1958年8月，当结束P-2导弹设计图纸、技术资料等的翻译和复制工作时，有关科技人员愕然地发现：竟然没有关键的发动机试车台及试车规程等资料。问及苏联专家，得到的回答是："等你们的发动机搞成了，到我们苏联去试车。"任新民听后，又气又恼。他清醒地认识到，这是一个卡脖子的致命的问题。如果我们的发动机都运到苏联去试车，那中国的导弹事业永远无法独立，永无出头之日。他和他的同行都憋着一股气，开始研究和摸索发动机试车台的设计与施工建设问题。液体火箭发动机设计部成立了试车台任务书编写组，任新民亲自担任组长，王桁、朱凯、陈福根等也加入其中。1958年冬季和1959年初春，天气异常寒冷，可他们却心急如焚。沉甸甸的责任感和发奋图强、勇于攀登的精神融会在一起，使他们产生了巨大的创造力。他们激情满怀、下定决心，要在一年多的时间里建成我国第一座液体火箭发动机试车台，以解决5D52发动机试车的急需。

任新民等从学习、消化P-2导弹，特别是5D52发动机有关的技术文件、资料入手，查阅和参考为数不多的国外有关试车台的技术资料，并千方百计地从苏联专家那里获取有益的指导。发动机专家组组长施涅金很支持中国建造自己的试车台，对试车台的土建、管路、电路等，都提出了很多宝贵的意见。苏联方面多次警告施涅金不要管中国试车台的事,其意图很明显,中国没有试车台,就只能去苏联试车,就得永远依靠苏联。但施涅金没有听这一套,继续为中国试车台的建设出谋划策,对试车台的设计任务书提出修改意见。

任新民带领同志们废寝忘食、夜以继日地工作,经过两个多月的分析、计算和研究、讨论,并反复地同建筑工程设计人员进行沟通和协调,终于完成了试车台设计任务书的编写工作,对试车台提出了详细的、具体技术要求,包括液、气系统的原理图,控制系统电路原理图以及测量系统的原理图等。这就为试车台的工程设计和施工奠定了基础。今天看来,这些技术要求提得过于具体了,但在当时确实是很有必要的,可以保证这一全新的试车台的设计工作迅速开展,少走弯路。

由于试车台建设的进度紧张,为加快工程进度,有关方面采用了试车台设计与施工交叉作业和分系统包干的办法。1959年夏天,当时称为三号台(1961年5月,经国防部五院批准改称二号台)的施工全面展开。任新民带领发动机的设计人员深入工程设计与施工现场,同工程设计人员、设备安装与调试人员、施工工人一起协调处理有关的技术问题。广大干部、科技人员、工人心往一处想,劲往一处使,好一派热火朝天的会战场面,目的就是按期保质建成试车台,不耽误5D52发动机的试车。当时是三班倒,日夜奋战。

参加会战的单位多,人员多,任新民深知保证施工质量的重要性和难度,经他提议,召开了由有关单位和人员参加的协调会，强调统一指挥与协调；强调工程是百年大计，在保证质量的前提下抓进度，还指派液体火箭发动机设计部有关人员深入现场，做好质量监管工作。这次会议对试车台建设的进度和质量都有很大的促进作用。

1959年年底，土建和设备安装、调试全部按期完成。随即，成立了以任新民为组长的试车台验收组。当时既没有专用的技术资料和技术标准，更没有发动机试车的实践经验，他带领验收组人员同试验站的科技人员、操作人员、工人以及土建的技术人员一起摸索、讨论和实践，从设备及其安装的质量、技术安全保证、系统调试、操作规程的制订与完善，直至试车的方案制订与组织实施等，逐项进行了反复研究，并适时进行了补建和修改。1960年3月，三号试车台经过试车后通过了验收。中国大地上终于诞生了我们自己设计建造的大型液体火箭发动机试车台。

这一试车台为P-2导弹的仿制和后续的液体弹道导弹的研制立下了汗马功劳，同时，还为后续的试车台建设及验收提供了借鉴和参考。20多年后，外国航天界的同行参观我国的液体火箭发动机试车台时，称："中国人搞的有特色，走出了自己的路子。"任新民回应道："在航天方面，美、欧、日是相通的，可以互相借鉴。中国过去没有这个条件，只能靠自己摸索，路是靠人走出来的。"任新民看着中国人自己建造的试车台，内心非常激动。这是中国人自力更生和群策群力结出的硕果。

在广大科技人员、工人和干部的共同努力下，1059导弹的仿制工作艰难前行。按照要求，决定导弹是否出厂的关键之一是发动机的典型试车是否成功。1960年10月17日，是进行仿制的5D52发动机的90秒典型试车的日子，这是中国航天人第一次经历的惊心动魄的大型地面试验场面。聂荣臻元帅、陈赓大将、张爱萍上将、安东少将和国防部五院的领导，都亲临现场，指导和观看了这一试车。试车取得圆满成功！在一片热烈的欢呼声中，聂帅等领导亲切地接见了任新民等参试人员，同他们一一握手，表示祝贺并预祝取得更大的成功。昔日的良师益友陈赓大将还特地走到任新民面前，向老部下致以慰问和鼓励。

10月19日，国防科委和国防部五院的领导听取了仿制的1059导弹的出厂汇报，经过研究和审查，批准出厂。同时还颁布了《导弹试射的规定》。10月23日，装载着总装与测试合格的两发导弹的专列从北京出发，运往发射基地。

根据国防科委的指示，中央军委批准成立了由张爱萍上将为主任委员的"1059"试射委员会。一分院第三设计部的参试人员由任新民带队，随行的有李伯勇、夏云辉、章本立等9人。

1059导弹在发射基地的测试工作按计划进行着。然而，攀登科学技术高峰之路并不是一帆风顺的。11月1日，在北京进行了仿制的第二台发动机的典型试车，发动机工作至55秒时，氧化剂泵发生爆炸，泵盖上的18个螺栓全部被拉断，泵盖飞出了30多米。11月3日深夜23时30分，正在发射基地的任新民得知北京试车爆炸的消息后，心急如焚，随即召开了第三设计部在发射基地全体人员会议，通报了第二台发动机典型试车的情况，并组织大家进行了认真而严肃的讨论，会议一直进行到11月4日凌晨1点多。

此时此刻发生这样的故障非同小可，它直接关系到1059导弹能否按原计划发射。这不仅是一个重大的技术问题，更是一个严肃的政治问题。身为液体火箭发动机设计部主任和发动机技术负责人的任新民，其压力之大是可想而知的。他认真听取了各方面的意见，进行了反复的思考分析，认为现在装弹的发动机不存在第二台发动机发生故障的情况。他们提出了第二台发动机典型试车故障分析报告，并明确地表示，造成故障的原因在装弹的发动机上不存在，并建议第一发1059导弹按原计划实施发射。试验队临时党委批准了这一建议。

此时，发射基地传来了苏联在1960年10月24日发生惨烈的火箭爆炸的消息，苏联战略火箭部队司令以及160名苏联航天科技工作者全部遇难。中国导弹事业的开拓者们并没有被苏联的爆炸悲剧所吓倒，而是挺起胸膛走自己的路。导弹由技术阵地转往发射阵地，测试工作仍按原计划紧张而有序地进行。

1960年11月4日，聂荣臻元帅、张爱萍上将、陈士榘上将等飞抵酒泉发射基地。11月5日，就在苏联撤走最后一批专家后不到3个月，中国人仿制的第一发液体近程弹道导弹一举发射成功，震耳欲聋的导弹起飞声和落地爆炸的滚滚浓烟回敬了轻蔑自大的赫鲁晓夫集团。11月5日晚上，聂荣臻元帅在发射基地举办的庆祝宴会上发表了热情洋溢地讲话："在祖国的地平线上，飞起了我国自己制造的第一枚导弹。这是毛泽东思想的胜利，是工人、技术人员、干部以及解放军指战员辛勤劳动的结果，也是我军装备史上一个重要的转折点！"

中国导弹事业创业者们一鼓作气，乘胜前进。于同年12月6日和16日又进行了两发1059导弹的发射试验，均获成功。1963年10月25日和11月3日分别进行了两发1059遥测弹的试射，再获成功。至此，中国仿制P-2导弹的工作圆满完成。1964年3月12日，1059导弹改名为"东风一号"。

动力总师

1960年年初，在"1059"仿制工作取得可喜进展之时，聂荣臻副总理适时地指示国防部五院：要突破从仿制到独立设计这一关，并迅速地发展提高，建立我国自己的高技术水平的导弹技术体系，用我们的双手设计和制造出自己的导弹。与此同时，聂荣臻副总理还根据导弹武器系统工程性强的特点，提出了"三步棋"的原则，即在同一时间内，至少要看三步棋，有三个层次的型号，一种是在探索研究的，一种是正在设计和试制的，一种是定型后小批量生产的。根据中央军委和聂荣臻副总理的指示，在仿制1059导弹的后期，就开始将研制工作的重点转到了自行设计。从仿制走向自行设计，这是我国导弹技术发展中一个质的飞跃。自行设计的第一步怎么走？设计一个什么样的型号？最初有两种意见：一种主张跨大步，直接搞中程的；一种主张第一步迈小一点，搞一个中近程的，同时搞好新型号的技术储备工作。1959年12月,国防部五院一分院第一总体设计部(弹道导弹总体设计部)提出:在仿制P-2近程导弹的基础上设计一个射程增加近一倍的中近程弹道导弹。1960年2月,国防部五院一分院将这一改型工作列入了1960年的工作计划,要求在完成1059导弹批产后,改进设计,减轻结构重量,增加推进剂,加大推力,增大射程。

发动机是导弹的心脏,在液体弹道导弹研制中必须动力先行。

1960年年初,在任新民的直接领导下,抽调了十几名技术骨干,组成研制攻关组。经过一个多月的紧张工作,提出了初步设计方案,此方案以1059导弹的5D52液体火箭发动机为基础,对一些重要部件做了重大改进,使发动机增大了推力,延长了工作时间,以保证完成增大射程的技术指标。这个初步设计方案,虽然经过了反复的分析、研究、计算和论证,但毕竟是第一次自行设计,任新民、吴之真等希望得到苏联专家的指点与帮助。当他们向施涅金提出这一想法后,施涅金听完沉默了一会儿说:"对此我是没有这个任务的,但出于友谊,我可以看看你们的方案,听听你们的意见。"于是,任新民将这一初步设计方案交给施涅金。施涅金非常认真地审阅后,认为整个方案是可行的,但也有几个需要进一步考虑改进的地方。施涅金还提出改进的部分一定要进行反复的试验,确定其性能是否可靠。任新民等人听后既深受鼓舞,又得到启发。

1960年3月25日至26日,国防部五院召开党委扩大会,明确今后研制工作的重点由仿制转入自行设计。7月,"1059"改进型("东风二号"导弹)完成了方案设计。8月1日,国防部五院召开"东风二号"导弹方案论证会,批准了设计方案,明确最大射程为1200千米。8月14日,国防部五院常务副院长王秉璋、副院长王诤前往北戴河向聂荣臻副总理汇报苏联专家撤走后国防部五院的工作情况及今后工作的意见时,聂荣臻谈道:"1059"不要忙着在"十一"试射,应该在一切准备妥当之后再试射,仿制练兵过程是不可缺的;在"1059"基础上改进的"东风二号"中近程导弹可以定为一个型号。改进的总比完全自行设计的来得快,要一关一关地过。先过"东风二号"的关,再过自行设计的中程导弹的关……要充分发挥中国专家的积极性和各自的特长,要保证技术干部研究设计的工作时间。自此"东风二号"中近程液体弹道导弹的研制工作全面开展起来了。

正当我国1059导弹仿制工作进入最后关键阶段,苏联赫鲁晓夫集团撕毁协定,撤走专家,停止援助,单方面废除了双方合作的257个科研项目,这给国防部五院的工作造成了极大的困难。1960年8月12日,苏联撤走了未到期的最后一批专家。此时,国家正处于经济困难时期,关于国防尖端项目是"上马""放缓",还是"下马",争论相当激烈。有人认为搞国防尖端项目现在困难太多、太大,应该放慢速度;有人甚至认为搞国防尖端项目影响了国民经济其他部门的发展,主张"下马"。在这种情况下,毛泽东主席明确指示:要下决心搞尖端技术,不能放松或"下马"。毛泽东主席铿锵有力地说:"赫鲁晓夫不给我们尖端技术,极好!如果给了,这个账是很难还的。"这一席话，表达了中国人民和国防科技工业战线上全体科技人员、干部和工人战胜困难的决心和意志。国务院副总理陈毅元帅坚定地表示，当了裤子，也要把我国的尖端武器搞出来。他还很风趣地说："我这个外交部长的腰杆子现在还不太硬，你们把导弹、原子弹搞出来了，我的腰杆子就硬了。"国务院副总理、国防工委主任贺龙元帅提出了"卧薪尝胆、发愤图强，打掉一切依赖思想，下最大决心，依靠自己的力量，突破国防尖端技术"的要求。国务院副总理、国防科委主任聂荣臻元帅指出：中国人民是聪明的，并不比别的民族笨，要依靠自己的专家和工人搞出自己的导弹、原子弹。在毛泽东主席等老一辈无产阶级革命家关于自力更生发展我国国防尖端技术思想的指引与鼓舞下，国防部五院的广大科技人员、干部、工人信心倍增，干劲更足了。

1960年9月13日，中央军委在北京召开了扩大会议，提出了"发愤图强，自力更生，突破尖端，两弹为主，导弹第一，积极发展喷气技术及无线电电子科学，建立现代化的独立完整的国防工业体系"的方针。

1960年9月，国防部五院批准成立了"东风一号"（即后来的"东风三号"）和"东风二号"型号设计委员会，林爽任这两个型号设计委员会的主任委员，任新民任副主任委员。这样，这两个型号的研制任务，特别是两个型号液体火箭发动机的研制重担，进一步明确地落在了任新民的肩上。

从设计方案中可以清楚地看到，从"1059"到"东风二号",改进最大最多的是液体火箭发动机。1059导弹的发动机为5D52,"东风二号"中近程弹道导弹的发动机命名为5D60(后改为YF-60)。5D52发动机共有组合件168件,5D60发动机沿用5D52发动机的组合件仅为62件,其余106件组合件均需重新设计或改进设计。可见5D60发动机的研制难度和技术跨度都相当大。任新民在会上会下、人前人后沉默寡言,从不叫苦喊难,可他心里十分清楚自己肩上的担子有多重,但只能拼尽全力完成任务。

任新民同主任设计师刘传儒,副主任设计师于龙淮、王桁等,还有有关的设计人员、试验人员、工人等进行反复的研究与讨论,并认真考虑了苏联专家施涅金提出的意见,确定了几项重大的改进设计:采用压力调节器调整推力,将涡轮工质过氧化氢输送系统改为泵压式,燃烧室喷管尾段改成半管结构,燃烧剂主导管采用钢丝橡胶软管等。他们的工作紧张、有序且很艰难地进行着。

时值国家三年经济困难时期,任新民家中上有年近古稀的母亲和岳母,下有5至11岁的4个子女,他弟弟被定为"右派"在北大荒改造,留下了一个侄子在任新民家中,全家共9口人,这种为填饱肚子而绞尽脑汁的日子实在难熬。当任新民看到和他一起工作的科技人员和工人都饥肠辘辘,有的还患上了浮肿,却仍在坚持加班加点时,他由衷地感谢这些可亲可敬的同事们,也激励自己和他们一起刻苦攻关。

像任新民这样在聂荣臻麾下的高级知识分子应该说是比较

幸运的。聂帅当时了解到，广大科技人员正以忘我的热情进行技术攻关，但由于经济困难时期物资匮乏，生活清苦，体质普遍下降，70%的人员因营养不良出现浮肿。聂帅亲自向海军及北京、广州、济南、沈阳等大军区"化缘"，请他们支援国防科研单位一批肉、鱼、黄豆等副食品，并规定只分配给科技人员。当时，聂帅还专门指派陈赓大将检查落实分配情况。党政干部自觉性很高，都以身作则，按规定办事。这件事对航天战线的知识分子在当时乃至以后都产生了深远的影响。

任新民家住海淀区阜成路8号院，而他上班在南苑东高地。他平时不回家，吃食堂，周六才回家。按就餐人员分配给食堂

20世纪60年代，任新民与家人合影

的食品，任新民只好自己享用了。而按人头分配的食品，如苹果、白糖、黄豆等，任新民想到家中上有老下有小，还有既要上班又要操持家务且已患浮肿病的妻子，他把发的东西都如数带回家中。他同时也充分理解国家的困难，组织上为照顾专家而发的补贴粮票，都悉数上交。在国家经济困难时期，国家给吸烟的人发烟票，香烟成了紧俏的商品，任新民从未领过烟票。原本吸烟的任新民凭借其超凡的毅力，硬是把烟戒掉了。

20世纪60年代初，任新民在工作上、生活上困难重重，他的工作责任和压力与日俱增。1960年11月，任新民光荣地加入了中国共产党。1961年9月15日，国务院总理周恩来任命任新民、屠守锷为国防部五院一分院副院长。任新民肩负的责任更加重大，他思索着，作为一名老领导、新党员、年长一些的科技人员，他一定不能辜负组织的重托和同事们的期望，眼下最重要的是把5D60发动机搞出来。可在登攀科技高峰的道路上绝无坦途，披荆斩棘，攻克艰难险阻才是必经之路。

在一段时间里，5D60发动机的研制陷入困境，发动机试车连续出现故障，分解后发现发动机的部组件损坏得十分厉害，分析、查找故障的原因并采取改进措施后仍不奏效。任新民感到压力很大，真是焦头烂额，食不甘味。攻关工作处于最艰难之时，大有久攻不下之势。就在任新民绞尽脑汁、苦思冥想的一个深夜，急促的电话铃声打断了他的思绪，原来是国防部五院常务副院长王秉璋中将给他打来电话："新民同志，聂帅很清楚也很关心发动机的研制情况，他让我转告你一句话，'最困难的时候也就是快成功之时。希望你注意身体！'"一向内向寡言但思维敏捷的任新民，此时有些语塞了，只是连声说："谢谢您，谢谢聂帅。"挂了电话后，他自言自语："聂帅真是把知识分子的心思摸透了。"

虞霜琴听了他的喃喃自语，松了一口气，按照他们夫妻间"工作上的事不打听"的约定又去睡觉了。可任新民却毫无睡意，坐在沙发上品味着聂帅的这句话。他想了许多许多，从国防部五院成立大会，到仿制的5D52发动机典型试车，到1059导弹发射成功，聂帅历次铿锵有力的讲话和刚才寓意深刻又富有哲理的宽慰，一遍遍地在他耳边回荡。他恨不得立即天亮，把聂帅亲切的、鼓励的话语告诉同事们。

辩证法的力量是无穷的，果不出聂帅所料，时隔不久，1961年11月28日，5D60发动机改装软管后通过了主机工作125秒的试车，额定推力、比冲等参数均符合设计要求，取得了自行研制液体火箭发动机的一个关键性胜利，从而保证了"东风二号"中近程导弹研制工作的顺利进行。任新民将聂帅这句"最困难的时候也就是快成功之时"铭刻在心，在他几十年领导和组织航天型号工程研制和飞行试验中，每当遇到困难和挫折，他都用聂帅这句话激励自己和同事去战胜困难，攻克险阻。这已经成了他主持航天型号工程研制的一件法宝。

1962年2月20日，第一发"东风二号"总装测试完毕。2月22日，国防部五院颁发了《关于"东风二号"首批试射的若干规定》，明确试射工作由发射基地首长会同"东风二号"总设计师根据试射大纲组织实施。3月4日,第一发"东风二号"出厂启运,国防部五院试验队由王诤副院长带队,一分院参加这次试验的领导小组组长是一分院副院长、"东风二号"总设计师林爽。任新民作为领导小组成员、发动机总负责人参加了飞行试验工作。

攀登科学高峰的路途是坎坷曲折的,攀登者只能在崎岖和险峻中拼搏。1962年3月21日,这是中国航天人刻骨铭心的一天,我国改型研制的第一发"东风二号"导弹进行了首次飞行试验,起飞几秒钟后,导弹即出现较大的摆动和滚动,并较明显地偏离射面。18秒时发动机起火,随即发动机关机。69秒时,导弹在距离发射台不远处坠毁,飞行试验失败。身在现场的任新民同所有的参试人员一样,心情十分沉重。总设计师林爽绕着直径约30米的弹坑转圈,眼眶湿润了,他喃喃自语:"这个坑是我的,我准备埋在这里了。"林爽、任新民等参试人员尽管悲痛,扛着沉甸甸的压力,但他们在失败面前并没有气馁,更没有退却。3月21日和22日,钟赤兵、王秉璋、钱学森先后传达了聂荣臻元帅的亲切慰问与鼓励:"既然是试验,就有失败的可能,吃一堑长一智,通过总结经验教训,以利再战。"并明确指示:"不要追查责任,要认真总结经验教训。"4月9日,聂荣臻在国防科委办公会上又强调:"'东风二号'试射未达到目的,不要泄气。作为试验工作,这是正常现象。"任新民和他的同事们一起学习了聂帅的这些讲话精神,并一起重温了聂帅不久前的教诲——"最困难的时候也就是快成功之时"。大家都憋足了劲，准备迎接新的战斗。任新民的信念更加坚定，他坚信中国人能行，能搞出自己的液体火箭发动机，搞出自己研制的导弹。他在会上自责地说："不要追查责任是聂帅等领导对我们年轻的导弹队伍的关心和爱护，但不等于我们没有责任。我作为液体火箭发动机设计部的主任，负责5D60发动机的研制，我应负责。"接着，他又十分惋惜地说："既然是试验，就有失败的可能，但也有成功的可能。我们没有争取到成功的可能，发生了失败的可能，说明我们的工作没做到家。"

国防部五院成立了"东风二号"故障分析领导小组，任新民为领导小组成员。故障分析领导小组先后召开了4次分析会和5次专题技术报告会。认为第一发"东风二号"的飞行试验虽然失败了，但也有收获。经过分析、讨论，认为这次飞行试验失败的主要原因：一是在总体方案设计中，没有考虑导弹减轻结构质量和加大长度后，使弹体的刚度降低而成为弹性体，在导弹飞行中，弹体的弹性振动与姿态控制系统发生相互耦合，导致导弹飞行失稳；二是由于发动机提高了推力，结构强度下降，导致导管破裂而起火。

在分析故障原因和总结经验教训的基础上，他们提出了改进措施：修改设计方案，弹体要有足够的强度和刚度，控制系统要保证导弹稳定飞行，动力装置提高强度和可靠性，同时增加了安全自毁装置并保证可靠工作，还采取了防止火烧尾部等措施；加强技术责任制，将设计委员会改为设计师系统，设立总设计师、主任设计师和主管设计师，分别对型号总体、分系统和仪器设备、元器件等负责,进一步明确总体设计部是总设计师的办事机构,提高总体设计部的龙头地位,加强总体设计部在型号研制中的协调作用;严格按研制程序办事;加强地面试验;加强质量管理和严格检验的责任制;完善系统工程管理,加强计划调度系统的工作。

任新民带领有关的科技人员按照国防部五院提出的"严格按程序办事,一丝不苟,风雨无阻和马不停蹄"的要求和聂帅提出的"搞好基础,稳步前进"的指示精神,他们针对发动机的问题,重新审查、修改设计方案,并举一反三,不放过任何疑点、难点和薄弱环节,将修改设计的重点放在了解决可靠性问题上,采取了多项有针对性和综合治理性的措施,并创建了大型试验设施,包括全弹试车台、全弹振动试验塔等。采取改进措施后的导弹及其控制系统、发动机等,在飞行试验前进行了4类17项地面试验。仅发动机就采取了27项改进措施,主要是燃烧室辅助冷却系统采用了气动活门方案。对燃烧室焊缝结构采取了多处局部加强措施,并将发动机额定推力由45.5吨降到40.5吨,这样就消除了薄弱环节和隐患,从根本上解决了发动机的结构强度和可靠性问题。

任新民领导第三设计部还将这一故障分析、采取的改进措施和进行必要试验的实践感知上升到理性认识,牢固地树立起了"一切通过科学试验""地面试验要做充分""不带疑点和隐患上天"等观念。他们总结出了发动机试验、试车的规律:发动机的各组合件没经过各种试验(包括水力试验、热试验、介质试验、强度试验、振动试验、绝缘试验、高低温试验等），就不能参加发动机的各种试车（包括冷试车、点火试车、研究性试车、工艺试车、典型试车、可靠性试车、全弹试车等）；发动机试车和全弹试车不通过就不能参加飞行试验。这些规律不仅指导了5D60发动机的研制，还一直指导着后续的液体火箭发动机的研制和试验。时至今日，我国常规推进剂的大型液体火箭发动机参加的飞行试验和发射卫星，一直保持百分之百的成功率，这与当年任新民领导第三设计部培养和形成的严格、严密、严肃的工作作风以及所建立的规章制度密切相关。

功夫不负有心人，奋斗终于迎来了成功的曙光。1964年6月17日，任新民组织了"东风二号"补充性全弹全程大推力试车，获得成功。至此，"东风二号"全程推力检验性试车全部结束。试验表明，动力、控制、遥测系统在模拟全程大推力剧烈振动条件下均能可靠工作。这就为飞行试验奠定了基础。

1964年6月29日，"东风二号"导弹在发射基地进行了飞行试验，导弹按预定的程序飞行，首次取得圆满成功。7月9日、11日又发射了两发"东风二号"，亦获成功。9月至10月间，广大参试人员乘胜前进，又成功发射了5发"东风二号"导弹。通过这8发导弹的成功发射，证明改进后的设计方案是正确的，生产质量和发射操作是优良的。这正如聂荣臻副总理所说的："1962年试射未成功，的确不是坏事，这个插曲很有意义。研究设计工作正反两方面的经验都很重要。"从此，年轻的中国导弹研制队伍初步掌握了自行设计改型导弹的技能，为后续的独立设计、独立研制奠定了坚实的基础。

万事开头难。中国有了液体弹道导弹这个"长子",后续的液体弹道导弹、运载火箭等的研制工作就有章可循了。"东风二号"研制过程中正反两方面的经验教训,对整个研制队伍的锤炼和技术提高具有重要意义。

第五章

"八年四弹"

"东风二号甲"

1963年3月14日,中共中央就国防科技工业建设问题做出指示,将"两弹为主,导弹第一,努力发展电子技术"作为研制导弹、原子弹及其配套产品的长远方针。根据这一方针,国防部五院开始组织力量,研究、制定我国地地、地空、海防导弹的技术途径和发展规划。1963年11月11日,国防部五院党委讨论并通过了国防部五院科技委提出的《关于地地、地空、海防导弹技术发展途径的意见》。《意见》的地地导弹部分就是"八年四弹"规划的雏形。

1965年年初,七机部编制了《1965—1972年地地导弹发展规划》("八年四弹"规划)。内容是在1965年至1972年的8年时间里,研制成功增程的中近程、中程、中远程、远程(后增程为洲际)4种液体地地弹道导弹。

1964年8月,国防部五院开始了对中近程导弹("东风二号")进行改进的研制工作。主要工作有:提高发动机的推力及比冲的研究试验工作,配合特种装药的弹头研制工作,研制液氧自动补加装置,简化垂直测试工作的研究等。1965年2月3日至4日,周总理主持召开由15人组成的中央专门委员会(简称"中央专委")第10次会议,确定第一次"两弹结合"试验用增程的"东风二号"("东风二号甲");同年3月20日,中央专委召开第11次会议,要求二、七机部要抓紧"两弹结合"试验的准备工作;5月4日,中央专委第12次会议要求"东风二号甲"导弹和弹头按照计划在年底准备好,力争提前进行"两弹结合"冷试验,会议还提出,"东风二号"的无线电横偏校正系统不能在山地使用,要组织力量深入发射场地,抓紧研究试验,迅速落实改进方案;8月9日至10日,周总理主持召开中央专委第13次会议,批准"东风二号"导弹由惯性/无线电混合制导改为全惯性制导,即"东风二号甲"的控制系统纵向采用双补偿;横向采用坐标转换及"六分"陀螺仪方案(简称"全惯方案")。

"东风二号甲"的研制工作紧锣密鼓地进行着。任新民带领液体火箭发动机设计部的科技人员,在中近程导弹"东风二号"YF-60发动机的基础上,进行改进设计,研制"东风二号甲"的YF-60A发动机,推力从397千牛提高到446千牛,比冲从

2148米/秒提高到2190米/秒,并采用液氧自动补加系统,以适应"东风二号甲"导弹的研制需要。

毕竟是有了研制YF-60(原5D60)液体火箭发动机的实践,研制工作进展得比较顺利。他们工作抓得很紧,在1964年10月9日至11月11日一个月的时间里,任新民和他的同事们吃住在试验站,连续进行了8次YF-60A发动机的热试车,推力和工作时间都达到了设计要求。与此同时,在10月14日至11月10日,在试验站的另一试车台进行了两次液氧自动补加试验,第二次获得成功,解决了"东风二号"改型方案设计中的一大技术关键。

科研组人员发扬连续作战的作风,于1965年4月27日至29日,进行了3次YF-60A验收试车,推力和工作时间等均达到设计要求。并于同年6月17日、6月25日、7月22日,先后进行了全弹高温、低温和大推力试车,产品状态基本与"东风二号甲"遥测弹一致。6月17日进行了"东风二号甲"全弹高温试车(产品加温到50℃,加注酒精的温度为47.5℃);6月25日又进行了低温试车(产品温度降到-40℃,加注酒精的温度降到-50℃);7月22日又进行了大推力试车,实测推力达466千牛。这三次全弹试车,证明产品满足设计要求,在高、低温极限条件下都能够正常工作,发动机推力稳定,气氧增压系统和液氧自动补加系统工作可靠,性能良好。这表明"东风二号甲"可以进行飞行试验。

1965年9月11日至10月19日,"东风二号甲"合练弹在发射基地进行了合练。9月23日,YF-60A发动机又成功地进行了试车。至此"东风二号甲"地面研究性试验基本结束。

1965年11月13日,"东风二号甲"首次飞行试验获得圆满成功。在发射前,周恩来总理指示:发射工作要"认真、实干、周到、细致"。自此至1966年1月6日,又进行了7发"东风二号甲"导弹的飞行试验。除1965年12月12日发射的第6发"东风二号甲"飞行试验失败外,其余均取得圆满成功。YF-60A发动机表现优异,这是对任新民和液体火箭发动机研究所科研人员付出努力的最好褒奖。

飞行试验证明,"东风二号甲"的设计方案是正确的,新的全惯性制导系统是成功的,射程和精度等均达到了设计要求。测量了被动段参数,为"两弹结合"飞行试验提供了所需要的数据。但发现在可靠性方面还存在着隐患和薄弱环节。1965年12月12日进行的"东风二号甲"第6次飞行试验中,起飞后36.6秒由于电源电池单体之间的连接片固定螺帽松动而造成断电,发动机关机,导弹落地爆炸。

周恩来总理十分关心"东风二号甲"运载核弹头的"两弹结合"的飞行试验,特别是安全问题。1966年3月11日,周总理主持召开了中央专委第15次会议,原则同意"两弹结合"按先"冷试"(不装核燃料),后"热试"(装核燃料进行核爆炸)的试验计划做好准备工作。七机部准备好7发"东风二号甲"导弹,各项试验准备工作8月底前完成。周总理在会上再次强调"两弹结合"飞行试验的安全问题,要求保证不出乱子,做到绝对可靠,万无一失。任新民和他的同事们坚决贯彻周总理的指示，认真地查找和梳理前8发导弹飞行试验中暴露出的问题、疑点和隐患，特别是可靠性方面的问题。然后，系统而深入地查找原因，制定措施，进行修改设计和试验验证，对所暴露的问题、疑点和隐患都采取了有针对性的和综合治理性的措施，尤其是提高了发动机结构的抗震强度。

"东风二号甲"8发导弹飞行试验后，各系统又进行了改进。1966年8月至9月，"东风二号甲"进行了5发鉴定性飞行试验，均获圆满成功。至此，"东风二号甲"研制成功，转入小批量生产。

为更直接和进一步为"两弹结合"飞行试验做准备，1966年10月7日，"东风二号甲"在发射基地又进行了一次发射飞行试验，导弹按地面发出的无线电指令信号自毁，考验了导弹弹头和弹体自毁系统工作的正确性和可靠性；10月13日至16日，"东风二号甲"进行两次发射飞行试验（"冷试"），均获成功，两发导弹均在目标上空的预定高度实现了化学爆炸。1966年10月19日，周恩来总理、叶剑英元帅听取了"两弹结合"飞行试验准备情况的汇报。周总理提出了"严肃认真、周到细致、稳妥可靠、万无一失"的要求，这一要求是对航天科技工业质量工作的高度综合与概括，不仅有力地指导了"两弹结合"的飞行试验，而且是航天科技工业质量工作的指导原则，并已深入人心。

1966年10月27日，我国成功进行了"东风二号甲"导弹和核弹头的"两弹结合"飞行试验，导弹飞行正常，核弹头在预定距离精确命中目标，实现核爆炸。这是我国国防科技工业的又一伟大壮举！从此，我国有了可用于实战的核导弹武器，真是壮国威、振军威、聚民心。

1966年12月4日，地地导弹定型委员会决定"东风二号"和"东风二号甲"产品定型，统称"东风二号"，定型后进行小批量生产。YF-60和YF-60A液体火箭发动机也随之定型，结束了研制工作。任新民的工作重心又步入了新的征程。

研制"东三"

液体中程弹道导弹（"东风三号"）是我国第一个完全独立研制的新型地地导弹。"东风三号"在1964年以前称"东风一号"。早在1957年4月，在苏联对我国导弹事业的援助还没有眉目之时，成立不久的国防部五院就初步拟定了中程液体地地弹道导弹研制任务书。1958年1月10日，国防部五院制定了《喷气与火箭技术十年（1958—1967年）发展规划纲要》，其中提出了在地地导弹方面试制战略中程地地导弹，据此，时任一分院液体火箭发动机设计部（三部，1958年4月前称液体火箭发动机研究室）主任的任新民不失时机地安排留苏回国的马作新、王之任等开展这一导弹发动机的预先研究工作，在预研阶段设计了试验发动机，单机代号为5D10，后改进为5D11。

1960年3月3日，国防部五院任命任新民为"东风一号"副总设计师兼发动机总设计师，中程导弹各分系统的预研工作全面展开。当时"东风一号"存在着十大技术关键：命中精度、燃气舵烧蚀、方位瞄准、火烧尾部、头部防热、全弹振动、尾翼面积、安全装置、液压系统及末助推等问题。在1962年3月第一发"东风二号"首飞受挫后，东风型号设计委员会提出暂停"东风一号"试制、生产，立即解决十大技术关键并进行设计质量复查和修改初步设计的工作。1962年5月，国防部五院党委常委会决定：地地型号要集中力量研制"东风二号"，"东风一号"只组织少数人进行5D10发动机及控制系统的惯性器件等单项预研工作。

"东风一号"有22项配套的预先研究项目，发动机系统占了大部分。包括5D10发动机、推进剂选择、推进剂利用系统、氮气加压增温系统、推进剂贮箱液体晃动问题、密封件研制以及5D10发动机试车台建设问题等。

在预研阶段，他们设计和试制了试验发动机5D10，后改型研制了5D11发动机，作为"东风一号"的发动机单机，四机并联称为5D12。后按照标准化的要求，5D11发动机的代号改为YF-1，4台YF-1并联后称为YF-2。1964年3月12日，总参谋部和国防科委颁发经中央军委批准的各种导弹、火箭名称和代号的编排方法，原"东风一号"改称"东风三号"（代号为DF-3）。

"东风三号"的YF-2液体火箭发动机采用了多项新技术，有的属于新难技术关键。因此，在研制中攻关的任务比较重，难度也比较大。首先面临的是推进剂的选择问题，5D52、5D60发动机的推进剂为液氧、酒精和过氧化氢（涡轮工质）。5D10试验发动机研制中使用的推进剂是可贮存、能自燃的硝酸和混胺。后为提高发动机的比冲决定使用可贮存的推进剂硝酸和偏二甲肼。这一选择和决策并非易事，当时外国的液体火箭发动机及推进剂技术专家曾断言：使用偏二甲肼等于抱着老虎睡觉。使用偏二甲肼做燃烧剂是可以提高发动机的比冲，但有剧毒。在这一难题面前，任新民和他的同行们没有畏缩，他同当时的发动机研究所、军事医学科学院等单位的有关专家一起进行反复的分析、研究和试验，终于得出了有价值的结论：偏二甲肼有毒，但不是积累性的，人体可以通过自身的新陈代谢将毒素排出，并找到了解毒的特效药。后来在发动机试车等研制工作中，凡接触偏二甲肼的人员事先都服一片这种解毒的特效药。他们还进行了偏二甲肼理化性能的分析、测试，制定了使用时的操作规范。

1963年3月6日，任新民担任组长的国防部五院科学技术委员会液体火箭发动机组提出：中程导弹采用可贮存的偏二甲肼做燃烧剂。建议指出，经过毒性和燃烧等研究性试验证明，偏二甲肼的毒性可防护，比冲高，能贮存，便于作战使用，符合作战武器的要求。最后，获国防部五院和国防科委批准，终于圆满地解决了我国液体火箭发动机采用偏二甲肼做燃烧剂的问题。

四机并联技术亦是YF-2乃至整个"东风三号"研制中的重大技术关键。四机并联是解决导弹动力装置推力所必需的，它要求4台YF-1发动机同步进行工作，否则，就可能使导弹飞行不稳定，同时要求4台发动机之间推力值偏差不能太大，不然会产生干扰力过大而影响控制系统的正常工作。任新民带领马作新、孙敬良、张贵田、颜子初、胡平信等科技人员，绞尽脑汁，进行了反复的分析、计算、研究、讨论和试验，采取Ⅰ、Ⅲ象限和Ⅱ、Ⅳ象限两对发动机成对同时启动，并严格控制各分机性能参数量偏差等办法，成功地解决了四机并联问题。1965年7月13日和7月27日，先后进行了"东风三号"导弹四机并联发动机YF-2的50秒、100秒热试车，均获成功。四机并联技术的解决不仅保证了"东风三号"中程导弹的研制，而且为我国液体地地弹道导弹和运载火箭的发展奠定了一大重要的技术基础。

燃烧室的高频不稳定燃烧问题是YF-2发动机研制过程中最大的技术难题。1965年3月19日，YF-2的单机YF-1首次使用硝酸和偏二甲肼为推进剂进行热试车，试验失败。任新民带领马作新、孙敬良、张贵田等科技人员查找故障原因，最后确定试车失败是发动机的燃烧室发生了高频不稳定燃烧所致，即燃烧室的固有频率与燃气生成频率相耦合产生了共振，在一瞬间燃烧室压力骤然升高，随即使燃烧室发生机械破坏或熔化烧毁。他们对这一故障的机理经过了一个艰难的认识过程，通过对试车数据进行反复的分析研究，查看燃烧室压力的变化，观察燃烧室破坏的情况，又查阅了有关的国外技术资料，了解了高频不稳定燃烧这一技术概念，并进行了大量的分析、研究、计算和试验，最终搞清了试车故障的机理，认定高频不稳定燃烧是造成试车失败的原因。

尽管故障原因找到了，但要确定有效而可行的改进措施也不是一件轻而易举的事。任新民组织科技人员提出了多种解决方案，然后进行多个方案的分析、比较，找出各方案的利弊，并通过近百次的试车验证，最终在燃烧室头部采用了再生冷却隔板和液体相分区等措施，才圆满地解决了发动机燃烧室的高频不稳定燃烧问题。

这一重大关键技术的突破，极大地加快了"东风三号"导弹的研制进度，更为重要的是为后续的新型液体火箭发动机的研制提供了宝贵的经验。

YF-2液体火箭发动机是一个全新型号的发动机，在研制过程中所遇到的技术难题还不止前面所述及的几项，其他的技术难题还有很多。例如，并联发动机在高空工作时，严重烧蚀导弹底部结构的问题；推进剂贮箱液体晃动问题；燃烧室波纹板成型和真空钎焊问题；采用高速离心泵前置诱导轮解决涡轮泵提高抗汽蚀能力的问题；采用电爆式活门的问题；大型箱体的结构设计、材料选用、耐腐蚀性能、成型、焊接工艺等问题；密封问题等。在解决这些技术难题中，任新民始终坚持深入实际，深入设计、试制现场，坚持设计人员、试验人员、工艺人员、生产工人相结合，一起分析、计算，一起研究、讨论，一起出主意、想办法。就这样，一个个难题都如期解决了。特别是在解决并联发动机高空工作的难题中，群策群力，反复试验，最终使问题得到解决。4个YF-1发动机在高空工作时，4个发动机喷口之间形成一个低压区，回流的高温燃气严重烧蚀导弹底部结构。任新民亲自参加并组织各专业的科技人员进行严密的理论分析和大量的计算，并通过风洞试验验证，搞清了烧蚀的机理。然后同设计人员、工艺人员和生产工人一起制定了采用特殊保护层的措施，使这一难题得以解决。1965年11月13日，YF-1发动机采用偏二甲肼、硝酸为推进剂进行了大推力、全程热试车，获得成功，推力和工作时间达到了设计要求，燃烧稳定，工作正常，性能稳定。1966年4月23日，四机并联的YF-2发动机连续通过了长程大推力验收试车，进入交付阶段。

与此同时，任新民作为国防部五院一分院（后为七机部一院）副院长、"东风三号"导弹副总设计师，亲自组织和领导了发动机试车台的改扩建和新建工作，包括发动机试验站三号台二工位的建设，以及全弹试车台的改扩建等。这些试车台的建成不仅为YF-2发动机和"东风三号"的研制提供了必不可少的物质条件，还为后续液体火箭发动机和后续液体弹道导弹、运载火箭的研制创造了试车条件。

YF-2这个全新发动机的研制成功，是广大设计人员、工艺人员、试验人员、工人和干部集中攻关、团结奋斗的结果，凝聚着各类人员的心血和汗水，是集体智慧的结晶。任新民为之付出了艰辛劳动，贡献了自己的聪明才智，对多项重大技术关键的解决提出中肯而有益的意见，并适时而果断地做出了各项技术决策，称得上贡献卓著，功不可没。

1964年4月22日，国防部五院再次任命林爽为"东风三号"总设计师，屠守锷、任新民、黄纬禄、吴德雨为副总设计师。1965年后，七机部一院的有关领导调赴四院和去参加农村"四清"运动，任新民作为一院的副院长全面负责了"东风三号"导弹的研制工作。

他曾多次担任试验队队长，冒严寒、顶酷暑，带队奔赴酒泉或太原发射基地，领导并组织了历次的飞行试验。

时值"文革"动乱年代，型号研制工作受到了干扰，试验队队长的工作难度就更大了。在基地发射现场，作为型号的技术总负责人和试验队队长，需要协调决策和解决技术问题和安排计划进度等。在当时的情况下，事情变得异常复杂，有些人把派性观点也掺杂进来，更使他感到头疼和难办。这位憨厚勤奋的老专家既不回避，更不退缩，他深入到参试人员工作的现场或宿舍，晓之以理，动之以情，苦口婆心地做说服工作。有的工人师傅被他的真情感动了，激动而诚恳地说："就凭你任副院长这个真心实意劲儿，我们也得给你这老头儿一个面子，你也别跑了，这活儿包在我们身上了。"工作尽管很艰巨，但诚挚与执着能感动群众这个"上帝"，所以历次发射现场的测试与发射工作还算顺利。

1966年12月7日，"东风三号"一批第一发遥测弹出厂运往发射基地，任新民任试验队队长，刘川诗任试验队党委书记。1966年12月26日和1967年1月12日，分别进行了"东风三号"第一、二发遥测弹的飞行试验，按飞行试验大纲的要求，这两发遥测弹的飞行试验都取得了基本成功。但这两发弹都出现了同一故障现象，即YF-2发动机的Ⅱ分机分别在工作到111.2秒和129秒时，推力下降，导致弹头未落入预定着弹点。任新民心急如焚，问题到底出在什么地方？众说纷纭，根据已有的遥测数据，一时还难以判断和做出结论。

1966年12月26日,任新民(前排左一)在酒泉发射基地与聂荣臻(前排左三)、钱学森(前排左二)等领导在第一发中程导弹发射架前合影

型号工程的研制工作最令人讨厌的是"糊涂账",说不清道不明,后续的工作无从下手。一贯追求"水落石出"的任新民绝不甘心,他绞尽脑汁,终于想到了寻找"物证"的办法。经任新民提议并征得刘川诗书记的同意后,任新民带领马作新、孙祯、王觉先、尚增雨和发射基地参谋等8人,在导弹落区寻找与考察弹体、发动机的残骸,以查明故障原因。

在1967年1月的寒冬腊月里,任新民带领勘测搜寻组乘伊尔14运输机从酒泉发射基地出发,途经马兰机场,又乘机越过塔克拉玛干大沙漠,当晚到达酒泉发射基地七站的驻地。次日凌晨,他们又分两批乘直升机飞往落区指挥所。指挥所位于深入沙漠100多千米的马扎山附近。马扎山虽然名字里有"山",可实际上既没有石头,也没有黄土和树木,稀疏的骆驼刺也很难看到,展现在眼前的只是无边无际的大沙漠,真是荒无人烟呀!指挥所坐落在一条半干涸的无名小河旁,几顶帐篷和一些高出地面一米多的地窖就是工作人员的办公室和宿舍。

住在地窖里确实有很多优越性,不仅冬暖夏凉,而且可以减轻风沙的侵袭。在宿舍里,床单不是铺在身下,而是挂在空中,防止窖顶往床上灌沙土。在地窖里吃饭更具特色,大家都低着头、弯着腰,用上身遮挡饭碗,以防沙土的"突袭"。

这里算是沙漠中的"宝地",因为靠近小河,河中零星的冰块可以提供淡水资源。任新民这位年过半百的留美博士,看起来既不像是专家,也不像是领导,和大家同吃、同住,同在大漠深处进行实地勘察、搜索,探究产生故障的症结。他时不时地说，我们只是来个把礼拜，人家解放军同志一年不知来多少次，一住就是一两个月，我们算不了什么。

在勘测搜寻组到来之前，七站就已根据酒泉发射基地的要求开始了残骸的搜索工作。任新民一行到达指挥所后，立刻听取了七站人员关于前三天搜索情况的介绍，并商定当日下午先进行空中搜索。勘测搜寻组派出两人同七站有关人员一起乘直升机进行空中观察搜索。直升机沿着导弹飞行弹道弹下点进行左右盘旋飞行，搜索人员紧紧趴在直升机前下方的玻璃窗处，全神贯注地观察地面情况，唯恐漏掉要搜寻的目标。经过半天的空中搜索，收获甚微，只是发现几处疑有残骸，但无法确定要寻找的导弹发动机残骸的位置。

任新民同七站的领导商定，组织人员进行实地搜索。搜索队一共40多人，由七站领导带队。任新民执意要参加搜索队，但七站领导和马作新等人，知道他是周总理点名要保护的专家，而且已经年过半百，所以极力劝阻任新民。他拗不过大家，只好坐镇指挥所。

搜索队的大队人马随着骆驼队（主要是驮带帐篷、收发报器材和食品等）进入沙漠腹地，七站领导照顾勘测搜寻组人员，让勘测搜寻组人员乘直升机，分批到达距指挥所约60千米的一块平地下飞机，再与大队人马会合，然后沿着导弹飞行弹道落点的方向徒步搜索。搜索时三四个人为一小组，各小组衔接，排成一横队平行向前推进。

这里多是软戈壁，一个沙丘接一个沙丘，低的沙丘有几米，高的有几十米，甚至上百米。搜索队只能不断地爬上爬下，艰难地行进着，向前推进得很慢。搜索进行到第四天下午，太阳已经快落山了，一位战士搜索到一块茶杯大小的黑色金属残片，经过随队的发动机主任设计师马作新鉴别，确认为是发动机的残骸。队员们顿时精神大振，高兴地喊了起来："我们找到发动机残骸了！""赶快给任副院长发电报，告诉他，我们已经发现发动机的残骸了！"坐镇指挥所的任新民这四天里如坐针毡，坐卧不宁。一会儿思索着可能产生故障的原因，一会儿翻来覆去地查阅搜索队从现场发来的电文。他吵着要进沙漠腹地去找搜索队，但总未成行。大家有的劝说直升机已撤走，指挥所离搜索队太远；有的说搜索队的坐标位置不定，没法找。事实上是发射基地和七站的领导有指示，任新民是需要保护的科技专家，必须严防死守，确保他的安全，坚决不让他进沙漠。第四天傍晚，当任新民收到发现发动机残骸的电报后，再也坐不住了，尽管七站的领导和战士一再劝阻，可都无济于事。第五天清晨，拟定了路线，他在两位战士的陪护下，朝着搜索队前进的方向，斜插着出发了。

可能是老将出马带来的福气，第五天是搜索队大获丰收的一天。他们搜索到的导弹零部组件残骸越来越多，活门、自动器、减压阀、涡轮泵壳等，都陆续地找到了。临近中午，一个大的残骸被发现，经过辨认，确定为发动机燃烧室的残骸。散开的横队一下子汇集到一起，兴高采烈地左瞧右看这个大"宝贝"，有的忙着拍照片，有的在观察讨论发动机产生故障的原因。突然有人喊了一声："任副院长来啦！"大家顺着声音远远望去，只见任新民拄着一根木棍，同两位年轻的战士一起正风尘仆仆地向搜索队赶来。这也是勘测搜寻组人员预料之中的事。任新民从不满足于坐在办公室里听汇报、看报告，平时不管哪个系统和产品遇到技术关键或发生什么问题，他总是深入研制生产的第一线，掌握第一手材料，同基层的科技人员、工人一起分析问题，解决问题。这次，勘测搜寻组的同事料定他绝不会甘心坐在指挥所里等着搜索队回去做汇报的。果不出所料，任新民还是长途跋涉地赶来了。搜索队队员们注视着这位被晒得黝黑又面容慈祥的老专家，都为这位老专家不顾个人安危，不畏艰险，深入"寻宝"第一线的敬业精神所感动。大家怀着崇敬的心情争相和他握手，他和蔼地笑着说："你们辛苦了！"虽然彼此分别还不到5天，却似久别重逢，感到格外亲热。

他们一起开始了紧张的搜索，终于大获全胜，其余的3个燃烧室和重要的零部组件的残骸也都找到了。尽管这5天来，大家都没洗过脸、刷过牙，精疲力竭。但搜索成功的喜悦早已把疲劳赶到九霄云外了。大家说着、笑着，满载着"战利品"连夜赶回了指挥所。

任新民和同事们察看着4个分机的燃烧室，"物证"确凿，确定二分机推力下降是由于燃烧室内壁撕裂造成的。他们顺藤摸瓜，分析为什么二分机燃烧室内壁会撕裂，终于查清了故障的原因。他们结合第一、二发遥测弹的遥测数据进行飞行试验结果分析，深入查找潜伏的隐患和薄弱环节，据此，采取了有针对性的改进措施，进行了修改设计。

由于"东风三号"第一、二发遥测弹的故障原因已经查明，故决定01批不再进行全程飞行试验，且01批导弹数量由8发改为5发，节省了3发。此次赴落区搜寻残骸真是太值了。

经过修改设计的"东风三号"01批第三、四发遥测弹，分别于1967年5月26日和6月10日在酒泉发射基地进行了发射飞行试验，均获成功。事实证明，他们所做的故障分析做到了定位准确、机理清楚、措施有效，加速了"东风三号"的研制进程。这其中凝聚着任新民和勘测搜寻组及搜索队全体人员的艰辛和汗水。

型号研制工作总是一环扣一环，需要进行连续奋战。在"东风三号"01批遥测弹的飞行试验结束后，任新民和"东风三号"的研制团队又马不停蹄地开始了02批的研制试验工作。正值"文革"动乱的高潮期，正常的科研生产秩序遭到破坏，产品的质量保证难以落实，他们在北京和太原发射基地进行了合练，从中发现了一些问题。经任新民提议，并经军管会批准，在1968年10月8日至20日，对"东风三号"02批遥测弹开展了总装测试前的设计、生产质量复查和事故预想工作。随后，任新民又带队出征太原发射基地，领导和组织"东风三号"02批第一、二发遥测弹的全程飞行试验。

这一发射基地是新建的，地处塞北高原。塞北的隆冬季节天寒地冻，又逢国家经济困难的年代，吃住等条件都比较差。担任试验队队长的任新民一如既往地与广大科技人员、工人同吃、同住、同工作。试验队住的是平房，去厕所要走几十米。塞北腊月的晚上，气温达到零下30多摄氏度，就上厕所这一条就够难为人的了。发射基地和试验队的同志们都让任新民搬到楼房里去住，可他说什么也不肯，再说他就急了。理由很简单：和大家住在一起，了解情况、研究和讨论问题方便。

可任新民毕竟是50多岁的人了，工作上劳心费神，加上天气寒冷，室内外温差大，他得了重感冒，高烧近40摄氏度，他在昏迷中被送进了发射基地的医院。经过输液，烧退了，他感到轻松多了。第二天，他就坚决要求出院，医生们不同意。任新民说："导弹的试验工作正处在关键时刻，把我关在医院里，没病也得把我急出病来。"医生们说服不了他。试验队的同事们了解他，没有充分的理由说服他，他是不会改变主意的。所以有人又褒又贬地说："他是一位十头老牛都拉不回来的犟老头儿。"最后，医院还是依了他，他带了些药返回试验队，同大家一起继续战斗。他精心组织、参与指挥，无论在技术阵地，还是在发射阵地，他都坚持在测试现场，从不放过任何一次测试检查，和大家一起观察发现疑点，研究解决问题，以求真正做到不带疑点、隐患和问题上天。

1968年12月18日和1969年1月4日，"东风三号"02批第一、二发遥测弹飞行试验又获成功。

在发射基地的统一领导与组织下，任新民严把技术关，在广大参试人员共同努力下，继"东风三号"02批第一、二发遥测弹飞行试验取得成功后，他又组织和参加了"东风三号"一系列大型地面试验，包括高低温环境试验、高海拔环境试验、耐腐蚀性能试验、贮存试验等，还进行了"东风三号"02批第二组、第三组的飞行试验，均获成功。直至1975年8月4日，国务院、中央军委批准"东风三号"导弹核武器定型，并进行了小批生产，适时地装备了部队。

中程液体地地弹道导弹是我国第一个完全独立研制的全新型号，是我国航天史上型号研制工作中的一个成功典范，取得了战术技术指标、研制经费、研制周期等综合性能优异的佳绩。回顾这一导弹的研制历程，任新民和"东风三号"的研制团队从一开始就注意把设计方案建立在现实可行的基础之上。作为一个全新的型号，在研制中必然要应用新技术、新材料、新工艺，采用先进的技术方案，方能达到既定的战术技术指标要求。但这些新技术、新材料、新工艺和先进的技术方案，必须有预先研究的基础和科技成果的储备，并对战术技术指标、研制经费、研制周期等进行综合平衡，追求总体优异。

"东风三号"从1965年3月结束方案设计阶段工作，到1966年12月首发遥测弹飞行试验基本成功，仅用了一年零九个月的时间，成为我国航天型号研制中优质高效的范例之一。

更为可贵的是，"东风三号"在我国液体弹道导弹和运载火箭发展史上是一个承前启后、完全独立研制的全新型号，取得了许多成果，包括使用偏二甲肼、硝酸的发动机技术，四机并联技术，控制系统采用的捷联补偿的惯性制导系统等，形成的技术基础设施设备条件和技术手段，培养和锻炼了科技队伍等。

这些都为后续的中远程、远程、洲际弹道导弹及液体运载火箭的研制奠定了技术、物质和人力资源的基础。通过"东风三号"研制和飞行试验组织、指挥和管理的实践，积累了一套符合我国实际的航天型号研制与飞行试验的组织管理经验，尤其是为液体弹道导弹和运载火箭研制程序的制定提供了实践依据和借鉴，增强了中国航天的软实力。

作为技术总负责人和多次担任试验队队长的任新民，为这一型号做出了重要而不可或缺的贡献。特别是在"文革"的特殊年代，在十分困难的条件下，他凭借高度的事业心和责任感，靠着坚韧不拔的毅力、孜孜以求的精神和务实求真的工作作风，进行了有效的组织、指挥、决策和协调，深得广大航天工作者的称颂与赞扬。1967年至1974年任七机部军管会副主任、同任新民共事8年，后任海军副司令员兼参谋长的杨国宇，在1991年亲手绘制了一幅书画，题字"国宝吉祥""憨厚温良"给在灾难中为祖国做出贡献的任新民，并以画中的大熊猫，对任新民予以祝福和赞誉。杨国宇这位老红军真是用心良苦，倾诉了一位老红军发自内心地对任新民的褒奖。

攻关"东四"

登攀无止境，奋斗无穷期。发展航天事业需要连续征战。在"东风三号"研制工作取得实质性进展之时，为满足我国国防武器装备建设和发射我国第一颗人造地球卫星的需要，任新民和他的同事们又开始向新的航天技术领域——研制多级中远程液体地地弹道导弹"东风四号"和"长征一号"运载火箭进发。对于任新民来说，他既要保证"东风三号"研制工作继续顺利进行，又要负起"东风四号"技术总负责人之责，工作是并行的，紧张忙碌在所难免。

"东风四号"（代号DF-4）是我国第一发两级液体地地弹道导弹，第一级为YF-2A液体火箭发动机，四机并联，推力达百吨级；第二级为YF-3高空液体火箭发动机。1965年3月20日，中央专委原则批准七机部的"八年四弹"规划后，"东风四号"中远程导弹的研制工作全面启动。

任新民直接领导并主持了"东风四号"的YF-2A和YF-3的研制工作。YF-2A和YF-3发动机是在"东风三号"YF-2发动机的基础上进行改型研制的，有较好的继承性，其中的一些关键技术，如发动机的高频不稳定燃烧、高速高性能涡轮泵的设计、四机并联技术、推进剂的选择、推力室的真空钎焊、波纹板成型、等离子喷涂、一些材料的研制及相容性问题等，在YF-2发动机的研制中都已得到解决。一些大型地面试验的设施设备，如百吨级的大型试车台、2.5兆瓦的泵试验台、全系统系留试车台等，均已先后建成。这些都为YF-2A和YF-3的研制提供了初步的技术和物质条件。

但改型研制也绝不是举手之劳，还需要攻克一些新的关键技术。如YF-2A发动机推力室压力反馈控制方式采用的泵压式控制系统的研制，因为YF-2A是由4台自成系统的单机组成，泵压式控制系统是提高发动机推力精度所需要的；供应涡轮工质的燃气发生器系统使用主推进剂的技术，涡轮由火药启动器产生的燃气启动，简化了发动机结构；采用了新的一次性使用的电爆活门，工作性能更可靠，使用和维护性能好，并可缩短发射准备时间。在这三项新技术的研制和应用中，任新民不仅精心地组织了研究、讨论和试验，还发表了一些中肯而有指导性的意见，有力地促进了这些新的关键技术的解决。他从中进一步悟出了一条规律，工程应用性的技术必须注重试验，从试验中发现问题，解决问题，有时还需要多次的反复。

　　YF-3发动机虽然与YF-2A的单机基本相似，但YF-3发动机是我国研制的第一台高空发动机，要在60千米以上的高空，接近真空的条件下工作。首要的是解决发动机在空气密度、大气压力仅为地面值万分之三情况下的点火问题。世界上航天技术比较发达的国家为进行发动机高空点火的研究试验，要建造模拟高空环境的试车台。这类高空试车台设备庞大、复杂，自动化程度很高，造价很昂贵，我们不能照搬、照学。任新民和发动机副主任设计师、负责YF-3高空发动机研制的张贵田只能带领科技人员另辟蹊径，寻求新的解决办法。他们经过反复的分析研究和试验验证，发现在三相（固、液、气）点以上的环境下推进剂点火，会出现点火延迟而增加进入燃烧室的组元积存，还可能引起爆燃，导致压力峰值突增过高，造成发动机部件损坏，影响发动机的正常工作。任新民、张贵田等面对这一棘手的问题毫不退缩，迎着困难，刻苦攻关。在研制试验中，他们从真空舱内得出一组令人惊喜的试验数据：所使用的燃烧剂偏二甲肼和氧化剂硝酸27S相遇后自燃点火，其点火迟滞时间为4~5毫秒；当环境压力在三相点以上时，其点火迟滞时间增为7~9毫秒，这样进入燃烧室的推进剂积存量要比允许值大得多，加上高空雾化混合不好及三相物态的存在，很可能形成启动时过高的压力峰值。这使他们受到了启发，就是要在二级发动机YF-3启动时，为其创造一个跟地面一样（一个大气压）的点火环境，并进一步改造发动机的有关系统，保证燃烧剂和氧化剂进入燃烧室有合适的时差。为此，他们采取在燃烧室喉部黏合一个堵盖，副系统加薄膜等措施，以确保YF-3发动机在高空点火启动时，所有腔道都保持一个大气压的环境，从而解决了YF-3发动机高空点火的难题。

YF-3发动机研制中的另一个难题是如何在地面获取发动机的高空性能参数。任新民同张贵田等科技人员经过反复的摸索、分析、研究、计算和试验，天无绝人之路，他们终于找到了办法，决定采用发动机自身排氧引射抽真空的方案。只设计制造了一个抽真空扩散试验舱，既简单又实用，省钱且建造时间短。经发动机试车证明，发动机点火2秒钟后，扩散试验舱的压力就达到了稳定的要求值，为发动机工作创造了一个高空的工作环境，从而解决了在地面获取发动机高空性能参数的难题。

提高YF-3发动机的比冲是"东风四号"中远程导弹研制中必须解决的又一重大技术关键。任新民、张贵田带领研制团队查阅了有关的技术资料,并进行了分析、比较,研究结果表明:增大燃烧室喷管的膨胀比,是提高发动机比冲的有效举措之一。由于增大了燃烧室喷管的膨胀比,可使燃烧室喷出的高温高压燃气进一步膨胀,可将推进剂的化学能最大限度地转化为发动机的动能,提高发动机的比冲。欲增大膨胀比,就必须设计、制造大喷管。然而,设计、制造大喷管并非易事。在国内他们首次采用了膨胀比为50∶1的高空大喷管。开始时,他们选用了重量轻、耐高温和高压燃气冲刷的钛合金,采用强力旋压成型、喷涂耐高温的防温层等办法,钛合金的喷管延伸段终于生产出来了。经发动机试车检验,钛合金的大喷管符合设计要求,达到了增大膨胀比的目的。但钛合金喷管的加工难度大,报废率高,造价昂贵,且有金属尘渣污染。张贵田等研制人员又考虑改用玻璃钢材料,重新进行研制生产。

任新民(左)和张贵田在一起

当时正是"文革"动乱时期,老干部、老专家频频受到冲击、迫害,甚至含冤去世。任新民是幸运的,他是经周恩来总理批准被保护的知名航天科技专家之一,这使他一直没有中断科研生产工作,而且任务更多,从事科研生产工作的时间相对更充裕。时至今日,他还念念不忘周总理的大恩大德。虽然历经几次搬家,但他家的客厅里一直悬挂着周总理的遗像,以缅怀周总理的丰功伟绩和崇高品格。

任新民虽是被保护对象,但也偶有阴风吹拂,时不时地受到被隔离和专政的威胁,"以生产压革命"的帽子更是在头顶盘旋。任新民、张贵田等科技人员就是在这样近似险恶的环境下,开始了玻璃钢大喷管的攻关和研制工作。他们奔波于研究所、发动机生产厂、试验站和生产玻璃钢喷管延伸段的251厂之间。251厂位于长城外的康庄,试验站离研究所又比较远,任新民跑康庄的次数虽比不上张贵田等人,但他还肩负着整个"东风四号"的技术总负责人的重担,常穿梭于南苑与永定路之间。在那个工作秩序不正常的年代,任新民也要肩背军用挎包去挤公共汽车,其辛苦和劳累是可想而知的。

任新民、张贵田等发动机的研制人员同其他有关的设计人员、工艺人员、试验人员、生产工人一起研究、讨论和解决玻璃钢大喷管的设计、工艺和生产问题,在失败、改进、再失败、再改进中苦苦摸索。他们经过反复的分析、研究、试验,最后采用浸过树脂的玻璃钢布在模胎上层层缠绕、高温固化、加工、粘接金属法兰盘、在内壁外层贴蜂窝、缠加强层和外层等道工序。道道工序缜密井然，操作人员精心操作，合格的玻璃钢大喷管终于在众人的心血与汗水的浇灌下诞生了。

1968年10月18日至25日，采用玻璃钢大喷管的YF-3发动机进行了两次验收性试车，玻璃钢喷管工作完好，试车取得圆满成功。1969年5月19日取得了一级全弹试车成功；6月4日又完成了二级全弹试车。1969年10月24日，YF-3发动机又进行了300秒的长程试车，推力等性能指标符合设计要求，玻璃钢大喷管完好无损。至此，"东风四号"的YF-2A、YF-3发动机的研制工作基本告一段落。

作为"东风四号"的技术总负责人，任新民十分注意运用"弹钢琴"的工作方法，抓总体与各分系统的技术协调、各分系统之间的技术协调。在当时，不管遇到多大的困难，也不管遇到什么干扰，他始终坚信广大科技人员、工人是通情达理的，以航天事业为己任的还是大多数，只是需要自己多做些工作，多跑些路，多费些口舌而已。

在领导"东风四号"的研制工作中，由于承担主要分系统研制和试验任务的单位分处异地，任新民只好起早贪黑地穿梭于北京的南苑、永定路和云岗发动机试验站之间，还要经常奔赴外地。当时工作秩序又不正常，只好自己去挤公共汽车，中午有时在公共汽车上打个盹儿，就算午睡了。

辛勤的耕耘总会结出硕果。经过广大科技人员、工人和干部的共同努力，1969年8月27日，"东风四号"01批一组第一发导弹出厂，由任新民带队赴酒泉发射基地进行发射飞行试验。

之后,第二发"东风四号"也相继出厂。在发射基地的工作异常艰苦、复杂:一是由于产品出于非常时期,在质量上"先天不足",测试中发现的问题和需要解决的问题比较多;二是在发射基地的试验队人员也是两派都有,"文化大革命"运动也时常给试验队的工作带来干扰,给测试及其组织协调工作增加了难度。经过两个多月紧张的测试和夜以继日的工作,01批一组第二发遥测弹于11月16日进行了首次发射,但由于计算装置未发出第一级发动机的关机指令,第一级未关机,第二级未点火,一、二级也未分离,飞行试验失败。任新民既沉痛又心急如焚,他带领同事们在现场进行了故障分析,终于找到了故障产生的原因,并制定和采取了有针对性的改进措施,在控制系统中采用程配并联,还增加了液位关机和时间关机,做到三重保险,确保关机。

1970年1月30日,"东风四号"中远程导弹飞行试验获得成功。证明设计方案正确,系统之间协调,一、二级分离正常,二级发动机成功地实现了高空点火。这是我国首次成功发射二级弹道导弹,我国拥有了更为先进、精良、射程更远的弹道导弹,增强了核威慑力。而且也为由其改进的、用于发射我国第一颗人造地球卫星的"长征一号"运载火箭的研制奠定了良好的基础。然后,任新民又带领"东风四号"的研制团队开展了增加射程的改进研制,包括提高一、二级发动机的推力,加长二级推进剂贮箱,增加推进剂等,进行了一系列的地面试验,并开展了"东风四号"发射方式的研究论证。他亲自组织并带队奔赴位于东北吉林长白山脚下的发射基地,进行了十余次"东风四号"的长程和全程飞行试验。"东风四号"的研制成功和适时定型,为我军提供了实用的、核威慑力更强的战略核导弹,使我国的国防实力有了实质性的增强。中国航天将永远铭记这位技术总负责人在特殊时期所做出的特殊贡献。

卫星功臣

发射我国第一颗人造地球卫星"东方红一号"使用的运载火箭为"长征一号","长征一号"是在"东风四号"弹道导弹的基础上,加上固体发动机的第三级,并进行适应性修改后研制成功的。"长征一号"的研制工作是1965年全面展开的,1965年以前,中国科学院曾就我国发射第一颗卫星的运载火箭的总体技术方案进行了探索研究和初步论证。1965年10月20日,国防科委委托中国科学院召开我国第一颗人造卫星工程方案论证会(代号651会议),研究并初步明确了第一颗人造卫星和运载火箭的技术途径及初步总体方案,并根据1965年8月9日至10日召开的中央专委第13次会议的决定,进一步明确运载火箭由七机部负责,卫星本体和地面测控系统由中国科学院负责。1966年1月27日,七机部确定:发射第一颗人造地球卫星的运载火箭的技术抓总、末级总体及总装由第八设计院承担;第一、二级选用"东风四号",有关改变飞行程序和弹道计算的工作由一院承担;末级固体发动机由四院研制。1967年11月1日,国防科委决定：将研制"长征一号"运载火箭的任务，由第八设计院移交给一院。自此，任新民和研制"东风四号"的团队开始正式承担"长征一号"运载火箭的研制任务。

"长征一号"运载火箭的研制进入紧张而关键的阶段，1968年2月，任新民组织一院有关的科技人员，在第八设计院原方案的基础上进行了改进，完成了"长征一号"第三级的方案设计，采用四院研制的直径为770毫米的固体火箭发动机，采用自旋火箭稳定，开关断续喷气控制滑行段姿态，二、三级级间冷分离，整流罩水平抛脱等方案。"长征一号"的研制工作作为七机部一院的重中之重任务，紧锣密鼓地进行着。

此时，"文革"已进入高潮，科研生产试验受到严重干扰，

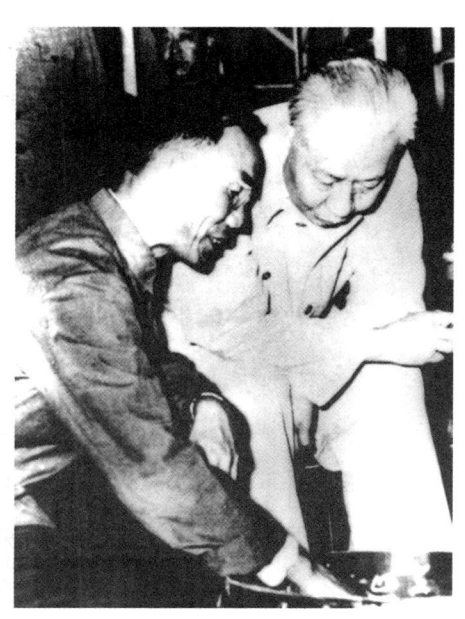

1965年5月任新民向前来七机部视察的刘少奇主席做汇报

1965年6月任新民向前来七机部视察的邓小平总理做汇报

有时甚至被迫中断。任新民受命于危难之时，被军管会指定为"长征一号"及其原型"东风四号"的技术总负责人。使命在身，责任在肩。尽管竭尽全力，仍有些力不从心。幸得周恩来总理亲自关心和过问"长征一号""东方红一号"和"东风四号"的研制与试验工作，多次亲自听取汇报，具体指导、协调和解决研制、生产与试验中的问题。周总理特别强调责任，确保产品质量。周总理要求将参加我国第一颗人造地球卫星工程（651工程）工作的29个单位、3456名工作人员登记造册，报总理办公室存查，并要求参加这一工程的所有人员服从指挥，坚守岗位。按照周总理的要求，7月30日，七机部一院成立了"651-1"工程领导小组，任新民任副组长。

任新民暗下决心，拼死拼活也要把"长征一号"的研制工作搞好。他很清楚，特殊时期的特殊任务，需要特殊的勇气和智慧，要承担更大的压力，也需要付出更艰辛的劳动和更多的汗水。可天有不测风云，人有旦夕祸福。正当他殚精竭虑、全力以赴地抓"东风三号""东风四号"导弹和"长征一号"运载火箭的研制和飞行试验工作之时，一夜之间突如其来的所谓"叛徒"的大字报弄得他丈二和尚摸不着头脑，他也搞不清楚事情的原委和来头。他在"文革"中虽未参加任何一派群众组织，但也支持了一派群众组织的观点。也许是他在"文革"中太得志、太"红"了，而遭遇了"枪打出头鸟"。

根据两年多来"文化大革命"的经历分析，大字报造过舆论之后，接下来往往就是抄家、隔离审查（关牛棚）和批斗。果不出所料，任新民被抄家了，他非常清楚自己的家底儿，结果当然没抄出"爆炸性"的物证，只有些在美国时的照片。全家人都为此惶恐不安，他的老母亲也被红卫兵赶回安徽老家了。此时毕竟不是"文革"初期了，抄家、批斗之事已经司空见惯，他也早有一些思想准备。但想到自己可能被隔离审查和关押，不免忧虑："国家的重点任务可耽误不起，最可怕的是群众组织把你劫走，谁都找不到，东转西移，工作又干不了，完不成任务才是真正的罪该万死。"想到此，他鼓起勇气找到了军管会的负责人，坦诚地说："大字报、抄家可能就是被隔离、关押、审查的序曲。型号工作得赶快找接替的，以便及早把工作交一下。"军管会负责人望着这位眼里噙着无奈、带着倦意的、朴实的老专家，听着他那视事业高于一切的坦诚话语，真有些动情了。军管会负责人紧握着任新民的手，斩钉截铁地告诉他："你是周总理批准保护的科技专家，你这个技术总负责人也是经周总理批准的，你继续干，而且要干好。其他的工作由我们做，抄家是错误的，抄的东西要送还；大字报要撕下来；你的安全问题我们负责安排。"这位平时就沉默寡言的老专家，此时更语塞了，只是连声激动地说："好，好！请军管会放心，也请转告周总理放心！"接着军管会负责人简明扼要地向他述说了所谓叛徒大字报的真相和来龙去脉。

其实就是在任新民档案中记载的一件事，他14岁时加入了共青团，后由于冒埠暴动失败，党团组织遭到了严重的破坏，他与组织失去了联系。后来他在国民党兵工署21厂又集体加入了国民党。在历次政治运动和入党时，他已反复地向组织做了详细的说明，而且已有结论。

1968年到1969年是任新民的大忙之年，也是我国航天科技工业的收获之年。他的多半时间都是在戈壁大漠的发射场和太原、东北的寒冷偏僻的发射场度过的。除了领导和参加"东风三号"的研制和飞行试验外，他以相当多的时间领导和参加了"东风四号"和"长征一号"运载火箭的研制和飞行试验。1969年8月22日，主持完成了"长征一号"二、三级的试车。8月27日，他带队前往酒泉发射基地，领导"东风四号"的飞行试验。11月16日，"东风四号"遥测弹进行了首次飞行试验但首飞失败。1970年1月30日，"东风四号"遥测弹飞行再试获得成功。

任新民和他带领的这支试验队，还未来得及回味成功的喜悦，2月5日，"长征一号"合练火箭又启运了，进行发射基地的合练，为发射我国第一颗人造地球卫星做最后的技术准备。"长征一号"

任新民（左二）在酒泉卫星发射中心

合练箭的试验队以在现场的"东风四号"试验队为基础，增加了三级的有关人员，任新民又被指定为合练试验队队长。

他反复地琢磨，这支试验队从1969年8月进场，已连续战斗5个多月了，换季的衣服亟待补充，又恰逢新春佳节，队伍应该休整，以利再战。经与试验队有关领导商量并请示院里和部里，决定试验队先返回北京，正月初六再返回发射基地。

之所以决定休整，任新民还另有考虑：在"东风四号"导弹的测试中，地面和弹上的电缆布线很乱，电缆脱插频繁出现问题，脱插有多余物或接触不良，严重影响测试的质量和进度，他要利用春节假期现场人员少的机会，将电缆网和脱插进行彻底的清理修整。回到北京，他除了开会、汇报工作，根本谈不上休整，正月初二，就带领事先约好的负责电缆网的两位科技人员提前返回了发射基地。在发射部队的大力配合下，清理了全部电缆网，进行重新布线，并将全部脱插统统拔开，进行吹除，再重新插好。他不仅在现场认真地检查、指导对各个部位和各个脱插的操作，而且也干起了操作手的工作。等到正月初六试验队人员返回发射场时，技术厂房的测试现场已焕然一新。当同志们得知是任副院长亲自主持完成了这一准备工作后，无不叹服。

1970年3月26日，首枚"长征一号"运载火箭及"东方红一号"卫星启运，运往酒泉卫星发射中心。任新民仍任"长征一号"试验队队长，并担任发射卫星工程指挥部成员。别看他年近花甲，身体却很硬朗。由于连续几个月在戈壁大漠征战，他对气候也适应了。每天从早忙到晚，东奔西跑，一会儿爬上发射塔架，一会儿又进入地下测试室，了解、处理和决策各种技术问题，好像有使不完的劲，精力旺盛极了。本来就没有官气的老专家，又处在"文化大革命"那个特殊的时期，从工作、生活到饮食起居，都完全和广大科技人员、工人、解放军战士一样。晚上除了加班和开会外，有时查阅有关的技术资料，有时同科技人员讨论技术问题。他还经常到参试人员的宿舍，了解他还不放心的问题。正值"文革"动乱时期，派性的干扰也进入了试验队，有些需要协调的问题本来很简单，可由于派性，在会上协调就争吵得很厉害，难以做出结论，他只好深入到参试人员的宿舍，同参试人员商量，晓之以理，动之以情，进行耐心细致的工作，并穿梭于"两派"同志之间，最终，使问题迎刃而解。任新民在工作中交了很多知心朋友，这些朋友不仅对他主持"长征一号"发射"东方红一号"的工作给予了很大的支持和帮助，还为他领导后续的航天型号研制工作带来了诸多益处，成了他了解各种技术问题的可靠的信息来源。

1970年4月1日，发射场区接到北京的电话通知，周恩来总理要听取钱学森、任新民等发射现场有关人员的汇报。他们旋即进行了紧张而认真的准备，带着戈壁的征尘乘专机赶回北京。4月2日晚，任新民同参加汇报的人员一起步入了人民大会堂，他按着自己的习惯坐在了离周总理不远不近且不显眼的位置。周总理环视着参加会议的人员，亲切地问："任新民同志到了吗？"并指着自己身边的一个座位说："任新民同志，到前边来，这是你的位置。"汇报会从晚上7点钟开始，一直进行到凌

任新民（左二）在与技术人员探讨问题

晨。周总理拿着一个小蓝皮本和一支铅笔,一边仔细地听汇报,一边不时地记录有关的内容。从运载火箭到卫星,从发射场到测控系统,从工程总体、各个系统、各个分系统到主要部组件。总理时而俯下身子认真地察看铺在地上的图表和数据,时而提出各种问题。这真不像是在向领导汇报,而是在接受一位专家和学者的质疑。汇报会连续进行了5个多小时,中间也没有休息。周总理毫无倦意,一直精神饱满地听着、记着、问着,并当场同有关领导、专家商量和讨论,现场拍板决定一些问题。

会后,任新民深有感触地说:"周总理那么忙,党的大事、国家的大事,他都得操心,真是日理万机,可对我们的火箭、卫星又知道那么多、那么深,并给予了一些具体的、很有见地的指导,可见是下了功夫的。其学识、作风和学习钻研的精神真是我们的楷模呀!"返回发射场后,钱学森、任新民等向参试人员传达了汇报会的精神和周总理的指示,广大参试人员备受鼓舞,按照汇报会的精神和决定的事项继续进行技术阵地的测试。

4月中旬,"长征一号"运载火箭、"东方红一号"卫星在技术阵地、水平状态下的测试工作已全部结束,且运载火箭与卫星已对接完毕,准备转场到发射阵地。4月14日上午,在发射现场的钱学森、李福泽、杨国宇、任新民、戚发轫等有关人员又乘专机飞抵北京,向周总理主持的中央专委汇报运载火箭、卫星的测试情况和发射前的准备工作。汇报会在人民大会堂福建厅进行,听取汇报的党和国家领导人还有李先念、余秋里、李德生等,国防科委和七机部军管会的领导也参加了汇报会。汇报会从晚上7点钟开始,分别听取了卫星、运载火箭和发射基地负责人的汇报,周总理依旧是精力充沛、全神贯注地听取汇报,并很有针对性地提出一些问题和当场拍板决定一些问题。会议对卫星安全问题十分关注,汇报中谈到卫星上是否安装安全自毁系统的问题。对此,有人主张安装,他们担心卫星出故障时,带着《东方红》乐曲坠入大海,政治影响不好。在当时"文革"的氛围中,一提及政治影响,都不轻易发表意见。坐在任新民身边的部军管会副主任杨国宇捅了一下任新民:"老任,你说说。"这时,周总理走到任新民面前,停住脚步问道:"任新民同志,你是什么意见?"之前,任新民觉得自己是负责运载火箭的,还是先听听搞卫星同志的意见。现在周总理和杨国宇副主任都让自己发表意见,也只好直说了。"我认为卫星上最好不要装安全自毁系统。如果在星箭没有分离、卫星还没有入轨时出现问题,运载火箭的安全自毁系统可将卫星一起炸掉,不至于对地面产生安全威胁;入轨后,如果卫星出现问题,可在再入大气层时烧毁,也不会对地面造成安全问题;但卫星上装了安全自毁系统,在卫星在轨运行时和全过程中可能会误炸好星。"周总理听后在笔记本上记了些什么,回过头来说:"哦,你是这个意见!"时间已过了午夜12点了。李德生提醒周总理说:"一会儿还要到京西宾馆开会呢!"周总理对汇报会做了简要的总结,勉励大家谦虚谨慎,过细工作,预祝这次发射一举成功,并要求国防科委组织有关人员就运载火箭、卫星及发射准备情况正式写一份书面报告,以便提交中央政治局和毛泽东主席决定。最后周总理强调："关于卫星装不装安全自毁系统的问题，我要向政治局和伟大领袖毛主席报告，在你们返回发射基地前通知你们。"周总理同与会的代表一一握手告别。

会后，任新民等连夜参加了由国防科委第一副主任、党委书记王秉璋和国防科委副主任罗舜初主持的向中央政治局提交报告的起草工作。报告篇幅不长，但字字千钧，关系到中央政治局对我国第一颗人造地球卫星发射的决策，关系到我国卫星事业的发展和国家声誉。任新民认真地回忆了"长征一号"研制的历程、关键技术的解决情况以及发射场测试的结果。他以神圣的责任感、实事求是的精神和无所畏惧的勇气，表达了我国第一枚"长征一号"运载火箭可以成功发射我国第一颗人造地球卫星的信心和决心。经过统稿和罗舜初、王秉璋的修改、审定。终于在次日（4月15日）凌晨6时，将报告送达周总理的办公室。

4月16日夜里十点多钟，任新民等翘首期盼的消息来了，周总理亲自打来了电话："经过中央政治局讨论，同意这次卫星发射的安排，并批准运载火箭、卫星从技术阵地转往发射阵地，进行发射阵地的测试。"周总理还在电话里再次强调："火箭、卫星转到发射阵地后，一定要认真地、仔细地、一丝不苟地进行测试检查，一个螺丝钉也不要放过。"并要求每天将测试检查情况及时向他报告。

4月17日清晨，就在钱学森、李福泽、任新民等即将乘专机返回发射场之时，总理办公室通知："经党中央和伟大领袖毛主席批准,'东方红一号'卫星上不装安全自毁系统。"

任新民返回发射场后,旋即召集运载火箭试验队的全体人员,传达4月14日汇报会的精神和周总理的指示。严格地按照他们在向中央政治局提交报告中的承诺和周总理的要求,精心组织参试人员进行发射阵地的垂直测试检查。4月20日上午8时,周总理亲自给国防科委罗舜初副主任打来电话,这次发射要做到"安全可靠,万无一失,准确入轨,及时预报",并要求将这十六字要求传达给在发射场的全体参试人员。很快,一幅书写着十六字要求的红色巨幅标语,便高高地、醒目地悬挂在了发射塔架上。

4月24日,周总理再次打电话给国防科委罗舜初副主任:"毛主席很重视这次卫星发射,希望大家鼓足干劲,过细地工作,

在"东方红"卫星前合影,前排右三为任新民

要一次成功，为国争光。"4月24日晚上8点钟，发射卫星的工作正按着既定的程序进行着，发射指挥员下达了发射前"一小时准备"口令，周总理又发来了指示："关键是工作要准确，不要慌张，不要性急，要沉着、谨慎，把工作做好！"任新民同现场的所有参试人员都侧耳倾听广播里传来的周总理指示，仿佛周总理就在身边，顿时一股暖流涌遍全身。

激动人心的时刻终于到来了，21时35分，随着响亮的"点火"命令，一声巨响，刹那间火箭一级的4个发动机同时喷出橘红色的火焰，"长征一号"托举着"东方红一号"徐徐升起，发动机喷出的十几米长的火焰光亮夺目，照亮了夜空。当任新民在地下控制室的电视屏幕上看到火箭起飞的图像后，他和他的同事们拔腿便往外跑。地下室的通道又窄又长，他和另一位年长的控制系统技术负责人沈家楠跑在最前面，同事们都让着他们，后边急着往外冲的年轻人，看见前面的两位长者，都不好意思挤过去，只好耐着性子跟在后面。跑到外面，只见美丽的火焰划破夜空，直奔东南方向而去，火箭越飞越远，越飞越高，亮点越来越小，到后来只隐隐约约地看到亮点。在欢呼雀跃的人群中任新民显得很镇静，默默地自言自语："一、二级可能正常分离了！"他又赶忙跑回地下控制室，广播高音喇叭里传来"跟踪正常""飞行正常""二、三级分离正常""卫星入轨"等一连串捷报。21时50分，国家广播事业局报告，收到了我国卫星播放的《东方红》乐曲，声音清晰洪亮。鸦雀无声的地下指挥室顿时沸腾起来，"我们成功了！"的欢呼声震天动地，连成一片，人们彼此握手祝贺、拥抱，不知不觉地流出了激动而欢欣的热泪。这是千万人辛勤劳动而结出的硕果啊！毛泽东主席发出的"我们也要搞人造卫星"的伟大号召终于实现了。这在我国航天史上具有划时代的意义，从而揭开了我国航天活动的序幕，宣告中华人民共和国开始进入空间时代。

平时喜怒哀乐不形于色的任新民，此刻似乎更沉静了，他站在发射塔架前面的广场上，望着那焦黑的导流槽，塔架上面空落落的，昔日天天抚摸、培育的"宝贝"已经巡天，遨游苍穹了，真像心爱的女儿出嫁一样，有些恋恋不舍之情。他若有所思地在广场上踱来踱去，然后默默地返回了驻地。

22时整，国防科委罗舜初副主任向周总理报告："运载火箭一、二、三级均工作正常，卫星与运载火箭分离正常，卫星已入轨，国家广播事业局已经接收到卫星播放的《东方红》乐曲。"周总理听后高兴地说："准备庆贺！"并立即向毛泽东主席做了报告，毛泽东主席连声说："好！太好了！"后来，在毛泽东主席身边的工作人员回忆说，毛主席听到卫星发射成功的消息后，眉开眼笑，一下子扔掉手中的香烟，竟然高兴得舞起来，这在毛主席一生中是很罕见的。

当晚，周恩来总理登上飞往广州的专机，参加由越南、越南南方、老挝、柬埔寨领导人召开的"三国四方"会议。第二天，周总理高兴地宣布："为了祝贺这次会议的召开，我给你们带来了中国人民的一个礼物，这就是昨天中国成功地发射了第一颗人造地球卫星。中国人造地球卫星的上天，是中国人民的胜利，也是我们大家的胜利。"

4月24日晚上，《人民日报》为此发了号外。中央人民广播电台也向全国、全世界播发了我国第一颗人造地球卫星一举发射成功的喜讯，还转播了"东方红一号"卫星播送的《东方红》乐曲。这一喜讯传遍全国、全世界，祖国各族人民和全世界的华夏子孙，都为之欢欣鼓舞，祖国城乡一片欢腾，到处喜气洋洋。

4月25日，新华社刊发评论文章，郑重向全世界宣布：1970年4月24日，中国成功地发射了第一颗人造地球卫星，卫星运行轨道，距地球最近点439千米，最远点2384千米，卫星轨道平面与地球赤道平面的夹角为68.5度，绕地球一周114分钟。卫星重173公斤，用20.009兆周的频率播放《东方红》乐曲。

"东方红一号"卫星遨游太空，也为我国20世纪70年代第一个"五一"国际劳动节增添了新的光彩。4月28日，任新民正在酒泉卫星发射中心组织撤收、撤场工作。突然接到北京的电话通知，请钱学森、李福泽、杨国宇、任新民、王盛元、戚发轫等卫星发射现场的人员迅速返回北京，有"重要任务"。任新民等返京后住进总参一个招待所，被告知在招待所待命，不准外出。此时的北京春意已浓，可他还穿着冬装，招待所的人看到这位又黑又瘦、穿着怪异的老头儿，都有些纳闷。他整天走来走去，好像心事重重，还总有一位年轻人跟着，眼神和气质又不一般。招待人员嘀咕着，这可能又是一个被监护的"走资派"。后经批准，任新民与夫人虞霜琴通了电话，虞霜琴给他送来了春装和换洗的衣服，收拾一番后，他才容光焕发。

第五章 "八年四弹"

任新民在招待所这几天很清闲。可他的大脑却无论如何也清闲不下来。他默默地思索和回味着过往的日日夜夜，往日的酸甜苦辣一齐涌上心头：周总理的音容笑貌和谆谆教诲一幕幕掠过他的脑海，和同事们讨论和解决各种技术问题的场景仿佛就在昨天……

"重要任务"终于揭晓了。根据周总理的指示，国防科委组织了由17人组成的卫星工程代表团，政委是发射基地测控部的部长王盛元，团长是七机部一院的副院长任新民。北京的"五一"之夜华灯满城、耀眼夺目，人们载歌载舞，沉浸在欢乐的海洋之中。5月1日，17人组成的卫星工程代表团登上了天安门城楼，参加"五一"夜晚的观礼。细心而时刻挂牵着我国第一颗卫星发射的周总理，特意将卫星工程代表团安排在毛泽东主席等党和国家领导人就位时的必经路旁。

人们盼望的时刻终于来到了，天安门广场响起了庄严而洪亮的《东方红》乐曲，霎时所有的灯都亮了，如同白昼。毛泽东主席等党和国家领导人健步登上天安门城楼，"毛主席万岁！""中国共产党万岁！"的口号声震天动地。毛泽东主席一边走一边挥手向群众致意，当毛泽东主席走到卫星工程代表团跟前时，周总理特意请毛泽东主席等党和国家领导人停了下来，接见了卫星工程代表团的同志们，周总理介绍说："主席，这些同志就是成功发射卫星的功臣们，是中国放卫星的人。"毛泽东主席停下了脚步，睿智的目光中充满了自豪、欣慰和谢意，毛泽东主席连声说："了不起啊，了不起啊！"然后伸出温暖的巨人之手同卫星工程代表团的代表一一握手。毛泽东主席、周恩来总理等党和国家领导人的亲切接见，不仅是代表们的光荣和幸福，也是对我国航天战线上全体人员的极大关怀与鼓励。这是时代的最强音，激励和鞭策着中国航天人奋斗、拼搏。

"东五"总指挥

自1965年3月20日，"八年四弹"规划被批准后，即开始了远程导弹"东风五号"的研制。但由于"文革"的干扰，"东风五号"的研制工作被拖后。1975年3月，张爱萍复出，并被任命兼任国防科委主任。张爱萍着急的是我们应具有真正的核反击能力，特别是二次还击的能力。张爱萍大刀阔斧地进行整顿，续写他执干戈卫社稷、戎马征战的生涯。与此同时，张爱萍运筹帷幄，开始酝酿和谋划我国20世纪80年代前期战略导弹与航天技术三项重点工程，即"三抓"工程：向南太平洋预定海域发射远程液体弹道导弹，水下发射固体弹道导弹，发射地球同步轨道的试验通信卫星等三项重点工程。后来，由于"四人帮"反革命集团倒行逆施，刮起了"批邓反击右倾翻案风"的妖风，诬陷张爱萍为紧跟邓小平推行"右倾翻案风"的得力干将之一，"三抓"工程的规划就此搁浅。直至1976年10月粉碎"四人帮"后，张爱萍再次复出，国防科委上报了《关于1980年前战略核导弹和人造卫星及其运载工具研制安排的请示》，正式明确了"三抓"工程，9月18日中央批准了国防科委的这一请示。"三抓"

工程的研制工作全面展开。

在液体弹道导弹研制中，始终遵循聂帅提出的"三步走"原则，并认真贯彻"动力先行"的安排。20世纪60年代中期，任新民即开始组织并参加了远程、洲际导弹各发动机的研制和关键技术的攻关工作。包括一级单机发动机YF-20、四机并联发动机YF-21、二级主机YF-22、二级游机YF-23、二级五机并联发动机YF-24以及弹头姿控发动机YF-80等发动机的研制和关键技术攻关工作。他同发动机主任设计师李伯勇，以及褚祥生、郁明桂、文辉曦等科技人员一起，先后解决了采用可贮存的、能自燃的偏二甲肼与四氧化二氮为推进剂的问题；利用发动机摇摆提供控制力，以代替燃气舵控制导弹飞行姿态的问题；燃料系统使用降温器、氧化剂系统使用四氧化二氮蒸发器的自生增压法增压的问题；推进剂贮箱采用高强度的铝铜合金及解决焊接技术的问题；解决燃烧室的高频不稳定燃烧和抑制中频振动的问题；喷注器和头部设计方案的确定问题；同轴立式涡轮泵的研制；等等。在这些发动机研制和一系列关键技术的攻关中，他既充分发扬技术民主，广泛听取广大科技人员、试验人员和工人的意见，集思广益、集智攻关；又凭借自己的知识、经验适时地做出分析、判断，做出决策，并提出紧密结合实际、有针对性的指导意见。

值得一提的是，在这期间他还亲赴甘肃、宁夏、四川等三线地区踏勘选址，筹建液体火箭发动机，特别是远程、洲际液体弹道导弹发动机的研制、生产、试验基地，他亲自审查了三

任新民（左）在试验基地

线液体火箭发动机研制基地的建设方案，特别是发动机试车台的建设方案。这些对我国航天事业三线研制基地的建设、对我国液体火箭发动机事业全面、协调、可持续发展，都具有重大意义和深远影响。当初的067基地和现在的中国航天科技集团公司六院所取得的举世瞩目的成就，与任新民主持制订的规划与建设方案密切相关，其中凝聚着他的一份心血与劳动。

1975年6月30日，任新民被任命为七机部副部长、党委核心小组成员，分管科研生产和型号研制工作。从此，他身上的担子更重了。1974年11月5日，由"东风五号"改进研制的"长征二号"运载火箭第一次正式执行发射返回式遥感卫星的任务。起飞后不久，火箭的飞行姿态即失去稳定，出现摇摆，且摆幅越来越大，姿态自毁系统使爆炸器起爆，火箭自毁，残骸落在发射塔架附近。为山九仞，功亏一篑。经故障分析得知，由于俯仰回路中速率陀螺至放大器的导线在距离速率陀螺690毫米处有压伤,在飞行条件下发生断路,使姿态控制失效,导致稳定系统俯仰通道失稳。

第二枚运载火箭于1975年7月开始总装,1975年8月下旬,第二枚"长征二号"和返回式遥感卫星出厂,运往发射基地。受张爱萍主任指派,国防科委副主任马捷和七机部副部长任新民赴酒泉卫星发射中心,组织指挥这次返回式遥感卫星的发射。

10月15日,毛泽东主席亲自批准了这颗返回式遥感卫星的发射。他同马捷默契配合,精心组织,沉着指挥。自此,他同马捷成了亲密无间的搭档,一起访问日本、访问美国,一起组织指挥试验通信卫星工程的研制……

终于迎来了收获的日子,1975年11月26日,用"长征二号"第二枚运载火箭成功地发射了返回式遥感卫星,并按预定计划

任新民(左一)与国际友人亲切交谈

在11月29日成功地在贵州安顺地区回收。我国成为继苏联、美国之后，世界上第三个掌握卫星回收技术的国家，为1975年"三星高照"（另两颗星分别是7月26日、12月16日用"风暴一号"运载火箭成功发射的技术试验卫星）做出了重要贡献。

1977年3月，张爱萍第二次复出，施展其尽早研制成功洲际导弹、潜地导弹和通信卫星的伟大抱负。任新民身为分管技术工作的副部长更是大有用武之地，他可以甩开膀子大干了。"三抓"的第一"抓"是20世纪80年代的第一个春天进行"东风五号"远程导弹的全程飞行试验。为此，党中央、国务院、中央军委动员全国各地区、各部门、各单位为"三抓"任务开绿灯，所有承担"三抓"工程研制、生产、发射、测控任务的各部门、各单位以及所有的协作单位，都要全力以赴、大力协同，千方百计地保证"三抓"任务不在自己这里误点。先后由宋任穷、郑天翔担任部长和党组书记的七机部党组响亮地提出：一切为了"三抓"，一切为"三抓"让路。七机部上上下下，一派激情燃烧、热火朝天的工作场面，广大科技人员、干部、工人竭尽全力保质、按时完成任务。

从1979年12月18日，"东风五号"第一、二、三、四发弹陆续被批准出厂，运往发射基地，进行测试和发射。国防科委张爱萍主任高度重视"东风五号"全程飞行试验。在张爱萍的建议下，发射场区，即酒泉卫星发射中心设立首区指挥部，落区成立落区指挥部，全权指挥和组织这次全程飞行试验。

在"东风五号"全程飞行试验中，国防科委副主任马捷和七机部副部长任新民被任命为首区的总指挥；落区总指挥是海军第一副司令刘道生和海军副司令兼参谋长杨国宇。他们组织指挥了这次大型飞行试验。他们同试验队队长、七机部副部长兼一院院长张镰斧，"东风五号"总设计师屠守锷，以及广大参试人员一起，按照"严肃认真，周到细致，稳妥可靠，万无一失"的工作原则，精心、沉着、冷静地进行测试检查，一起分析问题、研究问题、解决问题，并适时地对重大问题做出分析判断和决策。

1980年5月18日，这是我国液体弹道导弹发展史上有重大意义的日子。10时整，随着一声"点火"的口令，矗立在发射塔架上的巨型乳白色的"东风五号"拔地而起，直插云霄，飞越银川、太原、石家庄、济南等城市上空，跨越碧波万顷的西太平洋，直向南太平洋预定海域飞去。大约半个小时以后，远在落区身在远洋测量船等各类舰船上的参试队伍沸腾了，参试人员翘首远眺，看见一个亮点钻出云层，瞬间成了一个大火球，由橘红色变成了银白色，呼啸着划破长空，划出了一道耀眼的白光，直向预定海域奔去，弹头"扑通"一声入海，激起的水柱有上百米高，恰似一条巨大的蛟龙，披着绚丽多彩的霓光，跃动在海面上，激起千层波涛，场面无比壮观。

我们成功了，中国人成功了！首发"东风五号"全程飞行试验取得圆满成功。当天，党和国家领导人华国锋、邓小平、徐向前、聂荣臻、胡耀邦、王任重、宋任穷、王震、韦国清等亲临国防科委指挥所观看了发射实况的屏幕显示，高度赞扬了参试、参研人员的工作。邓小平向参试人员表示热烈的祝贺；胡耀邦振臂高呼：同志们，我们胜利了，人民胜利了！聂荣臻说：这样大型的试验，只有靠大家艰苦奋斗，共同努力，大力协同，才能成功。陪同党和国家领导人观看实况转播的张爱萍即兴填词《清平乐·我国远程火箭发射成功》，歌颂全程飞行试验的圆满成功：

> 东风怒放，烈火喷万丈。
> 霹雳弦惊周天荡，声震大洋激浪。
> 莫道生来多难，更喜险峰竞攀。
> 今日雕弓满月，敢平寇蹄狼烟。

第六章

攻坚"331"

氢氧发动机

早在20世纪60年代初,任新民尽管型号研制工作和科研生产管理工作异常繁忙,但他更懂得"学如逆水行舟,不进则退"的哲理,所以,他千方百计地挤时间学习和研究世界上航天技术比较发达国家的最新技术动态和发展趋势,特别是关于液体火箭发动机技术的最新进展。经过综合分析研究后,他认为:中国应尽早发展卫星通信技术,发射通信卫星必须研制将通信卫星送入赤道上空地球静止轨道的运载火箭,这种运载火箭需要高能、低温的液氢液氧发动机。研制氢氧发动机,突破低温技术是迟早的事。"凡事预则立,不预则废。"事不宜迟,我国应该迅速开展氢氧发动机的探索研究工作,并开展有关的关键技术的攻关。1965年,经他提议并决定在液体火箭发动机研究所成立了一个氢氧发动机工程组,开始搜集关于氢氧发动机的技术情报资料,梳理并明晰研制氢氧发动机须攻克的关键技术,并开展一些关键技术的预先研究。他每个月都要听取这个工程组的工作汇报,总结已开展的工作,部署后续工作。

也就在1965年,中央专委高瞻远瞩,批准建立我国卫星通信系统项目,随后,全国各有关部门、单位相继开展了关于卫星通信系统单项课题的探索研究。七机部一院氢氧发动机的探索研究一直没有中断。后由于"文化大革命"的干扰,我国卫星通信系统项目的开展有所耽误。1970年我国第一颗人造地

任新民(右)在酒泉卫星发射中心

球卫星发射成功后，中央军委决定将卫星通信系统的项目转为工程研制阶段。当时的通信部门迫切希望我国的通信卫星尽早问世，以改变我国通信技术落后的状况。他们提出利用通信卫星实现包括边远省区在内的全国覆盖，实现对部分省会等大城市的电视转播；用通信卫星完成中央人民广播电台对内对外的节目转播；解决军事通信和远洋舰船、测量船通信等问题。为此，七机部一院（运载火箭技术研究院）、五院（空间技术研究院）分别组织科技队伍，开展了运载火箭和通信卫星新技术的研究。1970年11月9日至26日，国防科委委托七机部在京西宾馆召开了"三星一船"的技术方案讨论会，其中讨论了"东方红二号"通信卫星总体技术方案的设想，确定了运载火箭由"东风五号"加第三级组成。任新民组织并参加了这次讨论会。

卫星通信工程是一项庞大的系统工程，各系统之间的技术协调、指标分配、计划分工、卫星重量、运载能力等，都迟迟定不下来，导致工程进展十分缓慢。周恩来总理急切地关心我国卫星通信工程的研制进程，在日理万机中对邮电部三同志"关于发展我国通信卫星的建议"的群众来信上做了批示，要求国家计委、国防科委联合召开会议，先将通信卫星的制造、协作和使用方针定下，然后再按计划分工，做出规划，督促进行。据此，国家计委、国防科委指派专人深入到七机部、四机部、邮电部等部门进行调查研究。任新民向调研人员陈述了抓紧开展卫星通信工程研制的意见，并概略地谈了卫星通信工程总体技术方案、分工等的设想,强调了开展氢氧发动机研制的必要性。他的主要意见都被调研组采纳。

在此期间,氢氧发动机预研工作在紧锣密鼓地进行。1970年6月13日,国防科委通知七机部:迅速组织队伍,积极开展氢氧发动机的预研工作。任新民同七机部一院副院长卢庆骏按此精神,组织七机部一院11所和101站等单位有关的科技人员有条不紊地开展预研和有关设施的建设工作。1971年1月16日,首次进行了液氢液氧推力室的挤压式热试车,点火成功,推力为7.84千牛;9月23日,进行了39千牛推力室挤压式热试车,点火成功;1972年11月,101站先后研制成功6.5立方米和30立方米的多层绝热低温真空容器,为"长征三号"三级氢氧发动机的试车打下了物质基础;1974年3月15日和4月5日,在101站新建的二号台成功地进行了第一次和第二次半系统氢泵试验;1975年1月25日,试验型氢氧发动机(YF-70)首次试车基本成功,推力为25千牛,工作时间为20秒。这些都为氢氧发动机的正式立项,为"长征三号"的立项及其研制工作奠定了基础。

1975年2月17日,国家计委、国防科委在调查研究和多次联合召开协调会议的基础上,联合提出了《关于发展我国卫星通信问题的报告》。1975年3月31日,中央军委第八次常委会议讨论并通过了这份报告,上报后很快得到了毛泽东主席和周恩来总理的批准。这一报告是我国开展卫星通信工程的指导性文件。从此,我国卫星通信工程正式列入国家计划,走上正轨,改变了过去几年徘徊不前的局面。根据中央军委研究讨论卫星通信工程的时间，将我国卫星通信工程命名为"331"工程。

中央批准的报告中明确，"331"工程由国防科委负责抓总，运载火箭和通信卫星由七机部负责研制，发射场由国防科委负责建设，地面测控通信系统由四机部、七机部分别负责研制，卫星通信地面系统由四机部负责研制。后来，"331"工程的五大系统都任命了总设计师：孙家栋为"东方红二号"试验通信卫星总设计师，谢光选为"长征三号"运载火箭总设计师，电子工业部刘永坦为地面通信系统总设计师，国防科委陈芳允为测控通信系统总设计师。任新民为整个"331"工程的总设计师。

我国是国际电信联盟（简称国际电联）的参加国。根据国际电联的规定，我国于1977年年初向国际电联提供了有关的资料。1977年3月8日，国际电联公布了我国试验通信卫星的资料，向全世界正式公开了我国试验卫星通信工程的计划，明确了我国发射的试验通信卫星在地球静止轨道上的定点位置及其他事宜。我国的试验卫星通信工程既已公之于世，也就没有退路了。在这一工程战线上的广大科技人员、干部、工人深感任务紧迫，责任重大。作为这一工程技术总负责人的任新民，其责任和压力可想而知。

1977年9月18日，中央批准国防科委的请示，确定了我国20世纪80年代前期战略核导弹和航天技术的三项重点任务（后称"三抓"任务），其中就包括试验卫星通信工程。

"长三"——从立项到研制

20世纪70年代初,液体火箭发动机研究所提出,建议第三级为氢氧发动机的运载火箭立项。此时,任新民已调赴七机部科研生产组任副组长,他听后一针见血地指出:"这样的运载火箭迟早是要立项研制的。但现在还不具备谈这个问题的条件。大家都很清楚,运载火箭的立项研制,首先是动力装置有原理性突破。现在我们对氢氧发动机只进行了一些理论研究和分析计算,也进行了一些单项的试验研究。发动机还没有进行点火和试车,怎么能谈得上以此发动机为动力装置之一的运载火箭的立项问题呢!当务之急是加速氢氧发动机的研制,尽速进行发动机点火和试车。"在场的领导和科技人员听了他的一席话,都心领神会,知道他不是在泼冷水,而是在"抽鞭子",让他们快马加鞭。研究所立即调整研制队伍,加强组织领导,使氢氧发动机的研制进度明显加快。

继1975年1月25日YF-70氢氧发动机首次试车成功后,又进行了三次试车,均获成功,目的是考验发动机预冷系统和启动性能。在此之前的1974年11月21日,七机部将"东风五号"加氢氧三级的运载火箭命名为"长征二号乙";将"东风五号"加常规三级的火箭命名为"长征二号甲"。两种运载火箭正并行研制。一定意义上讲,这两种运载火箭要开展竞争。"长征二号乙"三级氢氧发动机(代号为YF-73)开展了一系列的单项预研,并取得了明显的进展。1976年3月12日,YF-73首次进行了全系统试车，目的是检验涡轮加启动喷嘴后，气瓶启动和燃气发生器点火工作的可靠性以及全系统和4个燃烧室工作的协调性。发动机按预定程序启动和关机，工作正常。1976年4月6日，七机部决定，氢氧发动机是发射通信卫星运载火箭三级的主攻方案，同时要求提高发动机的真空推力，并要求二次启动加摇摆。1977年12月28日，七机部决定将"长征二号乙"改名为"长征三号"，将常规三级的"长征二号甲"改名为"新长征三号"。

在YF-70氢氧发动机连续4次试车成功后，任新民对液体火箭发动机研究所的领导和科技人员说："通向氢氧发动机这一新技术领域的大门已经被我们打开，对研制三级为氢氧发动机的运载火箭的立项我有底气了！"自此，他一直坚持主张用第三级为氢氧发动机的运载火箭发射通信卫星。

虽然七机部在1976年4月6日已决定氢氧发动机是发射通信卫星运载火箭的主攻方案。但第三级发动机是采用液氢液氧为推进剂，还是采用可贮存的偏二甲肼和四氧化二氮为推进剂，一直是争论的焦点。早期，任新民主要从航天发展的趋势和科技方向上，力主开展氢氧发动机的研制工作。到了20世纪70年代前期，由于氢氧发动机的预先研究工作抓得紧，先后成功地进行了一些试验和试车，特别是1976年3月12日，首次成功地进行了"长征二号乙"运载火箭三级氢氧发动机（YF-73）的全系统试车，使他更坚定了研制第三级为氢氧发动机运载火箭的决心。他像着了迷似的，在各种场合都本着科学求是的态度阐述他的见解和理由:"三级采用氢氧和常规推进剂两种方案,各有特点,各有利弊。氢氧方案尽管需要攻克的新难关键技术比较多,难度大,研制周期相对长,但采用高能低温的液氢液氧为推进剂的第三级,可以提高地球静止轨道的运载能力,这正是发射通信卫星所需要的。而且从长远发展的角度考虑,氢氧发动机这个台阶总得要上。"他如数家珍地列举和分析了我国航天科技工业已有的设施设备、科技成果储备及科研生产试验队伍等条件,特别是氢氧发动机的预研成果和试车结果,令人信服地阐述了氢氧发动机这一技术难关是可以突破的。他提高嗓门、略带激动地表示:"干事情总是有困难、有风险的,只要我们正视困难,知难而进,勇于登攀,就没有过不去的难关!"

对事物有不同的看法、存在争议是正常现象。当时有部分人员认为氢氧发动机的技术风险太大,主张采用三级为常规推进剂的运载火箭发射通信卫星比较稳妥。特别是国防科委也有这种意见。1973年8月,七机部在唐山召开会议,决定氢氧方案和常规方案并行研制。采用常规推进剂(偏二甲肼和四氧化二氮)的三级发动机(代号为YF-40)的研制工作也在加速推进。继1976年3月12日YF-73全系统试车后,1976年5月26日,YF-40常规推进剂的发动机成功地进行了首次全系统(短喷管)热试车。

后来,第三级是采用氢氧方案,还是采用常规方案之争已经到了白热化的程度。1978年8月,国防科委召开了规划工作会议,会议上分析对比了氢氧发动机为三级的运载火箭方案和常规推进剂发动机为三级的运载火箭方案。会议纪要报批稿中将常规三级的运载火箭作为发射通信卫星的第一方案，等待国防科委审批。

此时，任新民正率领中国宇航学会代表团访问日本。回国时他在北京首都机场得知这一消息后，心急如焚，恨不得即刻向国防科委领导汇报他的意见。他十分清楚，根据当时我们国家的财力、人力、物力等条件，只能有第一方案，很难有第二方案。如果不能把氢氧方案作为第一方案，那以后氢氧发动机搞成搞不成、搞到什么时候，就很难说了。在次日国防科委召开的会议上，任新民开门见山地陈述了他的意见和根据，简要地阐述了采用氢氧三级方案的必要性与可能性，并论述了发展氢氧发动机技术的意义。他铿锵有力地说："氢氧发动机这个台阶迟早是要上的，我们现在能上得去，我可以立军令状！"任新民还单独向国防科委副主任马捷做了更为详细的汇报，列举了前一时期氢氧发动机技术攻关的进展情况，介绍了一些试车所取得的成果。他诚挚地表示："将氢氧方案作为发射通信卫星的第一方案我是有把握的。"马捷副主任和任新民也算是老搭档了，从一起指挥发射返回式遥感卫星到一起出访日本，对任新民这位老专家高度的事业心和责任感由衷地敬佩，并被他的决心和诚心所感动。马捷认真地听取了任新民的意见，事后又听取了方方面面的意见，并经研究，最后根据任新民提出的修改意见，将常规三级的方案作为第一方案的"第"字改为"另"字。从一定意义上讲，这一字之差就决定了我国氢氧发动机技术的命运，马捷、任新民在其中起到了举足轻重、不可替代的作用。

自此，任新民肩负着责任和压力，带领着科技人员、试验人员、工人在氢氧发动机攻关的道路上艰难地探索。1978年8月22日至28日，任新民带领部机关有关人员到一院听取了有关单位关于"长征三号"研制进展情况的汇报，特别是关于氢氧发动机的研制情况。他同液体火箭发动机研究所氢氧发动机研制骨干人员，包括刘传儒、王之任、朱森元、王桁等，进行了推心置腹的谈话："第一方案是确定了，但第一的位置保住保不住，还取决于我们的工作。"

这一期间内，任新民真是一门心思抓"331"工程，难怪有一次郑天翔部长半开玩笑、半怜惜、半批评地对他说："老任啊，抓'331'辛苦了，可党组会你请假是最多呀！"任新民只是淡淡地一笑："'331'的事儿实在太多，以后我尽量注意，党组会不要请假。"

"331"工程的险关隘口比比皆是，确实是需要不畏艰险、勇于登攀，才能到达成功的顶点。第一个大的关键就是研制三级为氢氧发动机的"长征三号"运载火箭，氢氧发动机则是关键中的关键、重中之重、难中之难。尽管氢氧发动机的预先研究工作做得比较好，但也只能是原理性突破，进入工程研制阶段后，一系列的关键技术和难题都接踵而至。例如，三级氢氧发动机是采用一次启动还是二次启动，两次启动之间滑行段的时间多长等问题，都需要任新民带领研制团队做出分析、判断和决策。氢氧发动机采用两次点火，在两次点火之间设置一段时间进行无推力的滑行，可节省火箭能量，减少推进剂消耗，提高运载能力，也便于发动机工作程序和火箭控制程序的安排，有利于提高卫星入轨精度。但二次启动也带来一系列的技术难题：第一次关机后，运载火箭已处于失重状态，存在推进剂管理问题，要保证推进剂（液氢液氧）沉到贮箱底部而不飘浮飞溅；要解决滑行段的运载火箭姿态控制问题；要解决氢氧发动机在接近真空条件下二次启动的可靠性问题，等等。而且滑行段时间越长，解决这些问题的难度也越大。法国的阿里安运载火箭的三级氢氧发动机采用了二次点火，但滑行段的时间很短。总的讲采用一次启动，比二次启动技术难度要小一些。但采用一次启动方案也有其技术难题，主要是要保证氢氧发动机、伺服机构等连续、长时间工作的可靠性；另外则是要解决氢氧发动机关机后后效冲量偏差大带来的卫星入轨精度的问题等。任新民同卢庆骏带领液体火箭发动机研究所的刘传儒、王之任、朱森元和王桁等工程技术人员，进行了反复的分析、计算、研究、讨论，权衡利弊、需要和可能。最后，还是发扬敢于进取的精神，"明知山有虎，偏向虎山行"，决定三级氢氧发动机采用二次启动方案，并采用了同其他国家相比时间比较长的滑行段。任新民和这支团队是"专拣重担挑在肩"。

要完成采用这一难度比较大的方案，研制任务并非易事。在十数个春秋寒暑中，他们靠着"泰山压顶不弯腰，艰难险阻不畏缩"的拼搏攻关精神，闯过了一道道沟沟坎坎，攻克了一个个技术难关。用艰辛的劳动和聪明才智开创出了中国人自行研制氢氧发动机的独特道路，在中国航天史上留下了可歌可泣的壮丽篇章。

这些难题主要有：低温环境给材料与工艺带来的新问题，发动机吹除预冷问题，一次点火启动与二次点火启动问题，高压条件下的高温与低温的密封问题，控制气路振动问题，低温高速轴承的研制，高速端面密封问题，涡轮泵的次同步共振问题，发动机缩火问题等十几项重大技术关键。

在YF-73氢氧发动机研制中共进行了100多次各种工况下的热试车。任新民几乎悉数亲临现场，个别情况下确实脱不开身而未能参加时，他都要亲自打电话询问试车情况及主要试车数据，有时还在事后赶赴液体火箭发动机研究所或试验站，了解详细情况。这也正是他治学思想的具体体现，那就是理论结合实际，实践出真知。在解决氢氧发动机各种技术难题时，特别是在分析故障原因和制定改进措施中，任新民特别强调理论结合实际，要以试验数据为根据，既要把理论问题搞清楚，又要紧密结合具体实际问题。他还不止一次地指出，进行理论分析和定量计算是必要的，但我们从事的是应用工程，必须进行试验研究和试验验证，否则，只靠理论分析计算的结果，我们心里的底数还有限。这就是他从事航天型号工程研制生产几十年来最深刻的体会，那就是理论结合实际，到研制、生产、试验的第一线，实践，实践，再实践。

1978年，任新民作为七机部分管技术工作和"331"工程的副部长，领导并组织七机部及有关单位，全面开展了低温技术的研究。他们在理论指导下实践，在实践中摸索，在摸索中前进，在挫折和失败中总结经验教训。也正因如此，他们在苦苦求索中找到了光明，找到了攻克难关的办法。如攻克液氢泄漏的难关，攻克推力室测压管烧穿难关，攻克氢氧发动机推力室被烧蚀的难关，攻克超低温液氢高速轴承研制的难关等。

1982年，氢氧发动机的研制工作进入最后冲刺阶段。在试车时，涡轮泵连续几次被严重损坏，导致试车失败。试车后，看到分解后的涡轮泵，其损坏程度真是令人目瞪口呆。虽然前两次试车失败后都认真地分析和查找产生故障的原因，也采取了相应的改进措施，当时也能自圆其说，认为采取的改进措施应该有效。其实是对故障的机理没有吃透，采取的措施也难以做到对症下药。第三次试车时，涡轮泵又重复出现了严重的损坏现象。这已经严重地影响了氢氧发动机的研制进度，也掣肘着"长征三号"的研制进程。任新民和他的同事们在那段时间里真有些焦头烂额，可又干着急，一时又使不上劲。这时，任新民清醒地意识到此故障并非小沟小壑，肯定是存在重大的隐患，很可能与当年燃烧室高频不稳定燃烧问题有类同之处。"事不过三"，不能再试下去了。他向研制团队讲述了他的想法，并宣布放假一天，请大家冷静下来，认真地想想，否则，欲速而不达。

可任新民的思维却放不了假。他还是使用他一直使用并尝到甜头的"沉下去"的办法，奔波于液体火箭发动机研究所、

2003年6月30日,任新民在北京某航天研究所调研

总体设计部、结构强度研究所和发动机试验站的科技人员之间,听取各有关方面科技人员关于这一故障的分析意见及看法。他适时地召集了有各种专业科技人员参加的故障分析会。在分析会上,结构强度专家应桂炉提出刚轴在其旋转速度超过3.6万转/分时,刚轴则变成柔轴,并可随机地产生次同步共振的现象。这一概念一提出,即刻引起任新民等的高度重视,好像一把钥匙启迪和激励了他的思维。通过反复地分析、研究试车数据,查看涡轮泵的转速,并进行了大量的分析计算和模拟试验,终于揭开了涡轮泵损坏如此严重的机理——次同步共振。真是茅塞顿开,豁然开朗:涡轮泵的刚性轴在其转速达到3.6万转/分后,已成为柔轴,出现了非同步的回旋振动,形成次同步共振,在轴向和径向均产生很大的震动过载,导致涡轮泵组件严重损坏。症结找到了,故障的机理清楚了,但不等于改进措施唾手可得。任新民又同从事发动机系统设计、涡轮泵设计的设计人

员、涡轮泵生产的工艺人员和结构强度研究人员等，进行了反复的分析计算和试验研究，最后确定了改进措施。

1982年11月24日，采取了改进措施的YF-73氢氧发动机进行了大推力、摇摆、1400秒的长程试车，获得成功。发动机分解后未发现任何问题。随后又连续进行了3次1400秒的考验性试车，均获成功。至此，圆满地解决了发动机涡轮泵轴系统的次同步共振问题。

一波未平，一波又起。1982年6月24日至7月1日，刚召开了氢氧发动机的次同步共振的攻关会议，对解决次同步共振问题统一了认识，并组成了攻关小组，进行解决次同步共振的攻关工作。7月30日，"长征三号"运载火箭三子级进行第三次简易试车时，第一次启动出现了三次缩火现象，5秒钟后火焰稳定。试车后对缩火问题进行了故障分析，并采取了相应的改进措施。1982年12月13日，采取了解决缩火问题的改进措施后，进行第四次简易试车，第一次启动未缩火，可第二次启动时又出现了严重的缩火现象。这说明故障分析还不到位，采取的措施还没有完全解决问题。所谓缩火就是氢氧发动机点火启动后，刚刚喷出来的长长火焰很快就缩了回去，紧接着又喷出来，尔后又缩回去，又喷火，形成喷火—缩火—喷火—缩火—喷火的循环过程，这个过程长达5秒，最短的一次也有1秒多钟，有的反复3次，一般情况下第一次启动时的缩火现象比第二次启动时严重。

这种缩火现象如果在运载火箭飞行中出现，有可能使氢氧发动机熄火；即使发动机不熄火，也会在运载火箭二、三级分离后产生过大的干扰力,导致火箭飞行失稳,后果不堪设想。任新民组织设计师系统有关科技人员进行紧张的、夜以继日的缩火原因分析,并进行了必要的试验验证。当时,整个"331"工程的计划进度已排定,"长征三号"运载火箭要在1983年11月出厂,1984年2月实施发射。可时至1982年年底,缩火这样的重大技术难题还没有解决,实在令人着急!他坐镇缩火问题分析会的现场,经反复地研究讨论,任新民决定采取增大启动时的液氢流量,提高涡轮泵的启动功率,调整氢氧发动机的启动程序,改善涡轮泵前的液氢品质等四项措施。措施定下来以后,他满怀信心但又担心地说:"这四项措施应该有效。如果还解决不了缩火问题,那就复杂了。我只好打报告,请求推迟'长征三号'出厂的时间。我想不会出现这种局面。"

按着"长征三号"出厂的时间已经很紧张了,而且进度推后,不能再拖了。刚好,近日有一次简易试车,任新民经过认真的分析思考,认为在简易试车后,氢氧发动机不下台分解和清洗,直接进行考验四项措施的点火试验。当时多数人认为这样风险太大,不同意直接进行试验。任新民真是"艺高人胆大",他果断地决策:"试!即使冒点风险也是值得的!"随即他同有关的设计人员、试验人员研究制定了规避风险的措施。

在简易试车后,在紧张而又谨慎的氛围中,连续地进行了检验解决缩火措施的试车。果不出他所料,试车顺利而安全地获得成功,发动机启动干净利落,火焰稳定。证明所采取的四项措施完全有效,没有出现缩火现象。任新民紧张有序而精心的组织,果断镇定而适时的决策,为"长征三号"的研制赢得了宝贵的时间。

尔后,在1983年5月25日和9月2日进行的"长征三号"三子级全系统试车中,进一步检验和考验了解决缩火问题的四项措施。试车结果表明,氢氧发动机的启动缩火问题得到了完全彻底地解决。

"长征三号"运载火箭具有大、远、长、低四大特点:运载能力大,航程远,工作时间长,采用了低温高能的氢氧发动机。"长征三号"研制过程中遇到的技术关键和难题远不止氢氧发动机这一项,还有制服纵向耦合振动(国外文献称POGO)、低频振动环境管理、推进剂管理等。至于在试车、发射场合练和测试中遇到的技术难题更是不胜枚举。1983年5月25日进行的第一次"长征三号"三子级的全系统试车时,出现了仪器舱、整流

任新民(右)与孙敬良在一起

罩内起火，发生爆轰。在西昌卫星发射中心合练时发现射频干扰问题；氢气排放管路的流阻损失过大，火箭起飞前从箭体排出大量有危险的常温氢气的问题；第三级发动机舱（二、三级级间段）环境温度过低的问题等。任新民在解决这些技术关键和难题中，都是亲临现场，和广大的科技人员、试验人员、工人一起研究和讨论，分析原因、制定改进措施，并现场予以决策。

在"331"工程的研制与发射中，协调、协作、协同也使任新民付出了心血和劳动。五大系统（通信卫星、运载火箭、发射场、测控通信、地面通信）中，有的是两个系统之间，有的是多个系统之间，这些协调、协同工作是工程总师义不容辞的责任，特别是跨行政部门、跨行政单位的协调、协同，工程总师不亲临到场，就很难定下来。这更需要任新民晓之以理、动之以情、苦口婆心地做工作，有的则软硬兼施，进行拍板定案。

仅就"长征三号"研制工作而言，虽承研单位基本上都属于七机部系统的，但又是跨不同的院局单位的，作为工程总师和七机部副部长的任新民，对这类协调工作责无旁贷。1977年10月10日至27日，国防科委、七机部联合召开了"331"工程研制任务落实会议。会议确定了研制进度、生产数量和研制任务分工，明确"长征三号"运载火箭（当时称"长征二号乙"）总体设计在一院；一、二级总体及研制由上海机电二局负责；三级由一院研制；箭上主要仪器设备（主要是陀螺平台系统）由上海机电二局负责研制。据此，一院和上海机电二局的协调工作自然地落在了任新民的肩上。本来很挠头的一些协调、协同工作，他却不以为然，他靠的是国防科委、七机部（航天部）机关，靠的是他所形成的科技骨干网络。如一院总体部的沈辛荪、范士合、龙乐豪、曹叵邦、王心清、余梦伦，液体火箭发动机研究所的刘传儒、王之任、朱森元、王桁，控制技术研究所的潘绍珍、冉隆燧、邵崇武，地面设备研究所的胡献文、王瑞铨，上海机电二局的孙敬良、龚德泉、臧家亮、孙显桐、张子金等。他多次直言不讳地说："总师也不是全才，一个型号涉及那么多单位、那么多专业，总师必须有一个科技骨干的网络，这个网络中的科技骨干不一定是技术上最拔尖的，但必须是技术上比较强的，尤其重要的是在对技术问题的研究讨论中要讲真话、实话，协调问题时要实事求是。这样，解决技术难题和协调难题时，这个网络就会发挥作用。了解研制工作的情况，通过这个网络唾手可得。"正因如此，他在协调一院与上海机电二局之间许多棘手的难题中，靠他了解情况的深透、准确，靠他的公平、公正、公开，靠他的网络中的科技骨干，总能迎刃而解。历尽千辛万苦，1983年10月9日、12日，"长征三号"第一、二级和三级运载火箭分别从上海、北京出厂，运往西昌卫星发射中心。

工程总师

在"331"工程中，七机部所承担的任务，除"长征三号"运载火箭外，还有试验通信卫星"东方红二号"的研制和一套统一载波测控系统的研制。"东方红二号"试验通信卫星由10个分系统组成。其中有效载荷部分包括通信转发器和天线两个分系统，服务性部分包括星体结构、温控、能源、控制、遥测、遥控、跟踪、远地点发动机八个分系统。

在"东方红二号"试验通信卫星的研制与发射过程中，作为主管技术与"331"工程的副部长和工程总设计师，任新民尽职尽责，一丝不苟地抓"东方红二号"的工作，从技术方案的讨论与制订、关键技术的解决，到各种大型试验和大型的技术会议，他都亲临科研生产的第一线，掌握第一手情况；其次，他紧紧依靠设计师系统、行政指挥系统的各级领导，如行政指挥系统的刘川诗、魏乐裕等，设计师系统的孙家栋、戚发轫、范本尧、闵士权、屠善澄、邹广瑞、刘梁栋、陈道明、但森等，同他们一起商量、研究和解决各种难题；再次是反复地查阅有关技术文件和报告。他正是靠着这三件"法宝"，才使工程总师的工作得心应手，保证对重大问题实施决策的正确或趋于正确。"东方红二号"试验通信卫星系统先后完成了卫星复杂控制系统的研制；通信转发器及其天线的攻关；复杂的卫星发射技术和测控技术攻关；整星的管路密封技术攻关；统一载波测控系统的研制等工作。

在"东方红二号"卫星的研制中，他凭借自己的知识和经验，凭借掌握的大量第一手材料，凭借发扬技术民主，群策群力，适时而果断地处理和解决了研制中大量的棘手难题。例如，在进行卫星测控系统联调和最后确定测控方案时，突然发现数据处理中的卡尔曼（Kalman）滤波方法应用不当，卫星的测控软件要进行大的修改。当时已临近卫星发射，远洋测量船队已出海到位，情况十万火急。测控软件的研制人员还要编制应对卫星多种故障模式的测控软件，故障的模式越想越多，越搞越复杂。可时间又非常紧张，测控方案和测控软件已成为整个"331"工程的最短线。测控软件研制人员手忙脚乱，有些招架不住。任新民得知这样纷繁而紧张的局面后，邀请国防科工委分管"331"工程的科技部副部长丁衡高一起赴渭南的测控基地，任新民从西昌卫星发射中心，丁衡高从北京，按约定的时间赶赴渭南测控基地。他们到渭南后，认真地听取了科技人员各种不同的意见，了解和核实有关情况，任新民同丁衡高商量、交换了意见。他本着实事求是、一切从实际出发和抓主要矛盾的原则，在会议上明确指出："凡事都要抓主要矛盾。测控系统的第一任务是在卫星正常入轨时测控好；卫星未能入轨或入轨时出现故障或入轨后出现故障，通过测控系统的工作把卫星救过来，那是起死回生，是死马当活马医，但测控系统不是万能的；应对的故障模式也不是无止境的多多益善，而是要把主要的、发生可能性比较大的故障模式搞清楚、搞透彻。"他的一席话，使测控系统的科技人员如同吃了一剂清醒剂，很快统一了思想认识。大家明晰了主攻方向和思路，从而加速了测控软件修改和测控方案确定的进度，保证了整个发射工作顺利地按计划进度实施。

地球同步轨道通信卫星的地面测控通信系统的研制，也是

"331"工程的一项大型的新难技术。20世纪70年代中期，为了加速地面测控通信系统的研制，他亲自兼任七机部承担这一研制任务的"450"办公室主任。在中央批准的国家计委、国防科委联合提出的《关于发展我国卫星通信问题的报告》中，明确地面测控系统由四机部和七机部分别研制，即四机部负责渭南站设备的研制，七机部负责闽西站设备的研制。时间紧，任务重，他亲自领导、组织和协调测控方案的制订与设备的研制。七机部于1974年3月1日成立了"450"办公室，负责组织"450"工程的研制工作。这是一套集跟踪、遥控、遥测及电视等于一体的微波统一测量系统，因为其测控斜距为4.5万千米，故称"450"。"450"工程将承担"东风五号"等远程、洲际弹道导弹及发射试验通信卫星等测控任务。"450"工程包括两个雷达系统：一为450-1系统，即微波统一载波测控系统；二为450-2系统，即超远程引导雷达系统，用来引导450-1系统和155系统（四机部研制的微波统一载波测控系统称为155系统）。后又将"718"工程（远洋测量船工程）中主测量船上的双频段的跟踪遥测设备（450-3）和超黄蜂直升机的机载遥测站（450-4），也列为"450"的工程项目。

这一微波统一测控系统中大型设备的研制涉及的部门多，技术难度大，研制周期紧张，更需要有力的组织协调和适时决策。"450"办公室是新组建的单位，是由七机部一院、二院、五院等有关单位的人员组成的。万事开头难，他在机构组建、人员选调、工作启动等方面，做出了大量开拓性的重要贡献。

后经他举荐并经部党组批准,先后选调了张履谦、童铠、柳东升、张云龙、邱贤佐、甄润已、曾邑铎等无线电技术领域的专家和科技骨干,使"450"工程的研制力量得以充实和加强。张履谦和童铠后来都被评选为中国工程院院士,他们在"450"工程研制中的贡献和业绩都为其当选提供了重要支撑。

"450"工程的主专业是无线电技术,任新民的本行不是无线电专业,但他凭借扎实的科技理论基础和丰富的工程研制及系统工程管理的实践经验,尤其是他把学习、实践、实干三者有机地整合在一起,凭借他深入实际,不耻下问,认真听取广大科技人员与工人意见的治学态度和工作作风,真心实意地拜无线电技术专家为师,并全心全意地依靠他们。所以,在领导"450"工程研制的五年多时间里,在处理一系列的组织机构建设、组织管理、技术等问题中,他都适时而果断地做出了分析判断和决策。特别是在工程总体技术方案的确定、设计思路与框架的选取、与四机部的协调和沟通等方面,他都发挥了不可替代的作用,为按时保质完成卫星通信工程的测控通信任务做出了重要贡献。

从另一个意义上讲,他这5年相当于又读了一个无线电专业的大学,对"450"工程的各系统、各设备的设计、制造、对接、测试、联调、总成等,有了全面、系统的掌握,这对组织指挥"331"工程及后续航天型号工程的研制、发射、测控等,都大有裨益。

对于其他系统,包括发射场系统、地面通信应用系统等,他都发挥了工程总师的作用。一方面是通过大总体协调会，会同有关领导，如国防科委马捷副主任、七机部副部长兼一院院长张镰斧等，对各类技术问题、计划进度问题、分工问题等，进行协调、协商和决策。尤其是跨地区、跨部门、跨单位、跨五大系统的协调，其难度更大。这不仅靠他的资历、经验和工程总师的职务，更重要的是靠他深入实际、实事求是的作风，靠他的人格魅力，靠他对技术了解得深透、对情况掌握的准确，靠他公平、公正、平等协商的态度。因此，任新民赢得了各大系统领导和科技人员的尊重与赞赏。另一方面，他经常有选择、有重点地深入到有关系统的研制单位，既可以深入现场，了解掌握研制情况，也可以现场协调和决策问题。这样，就有效地保证了研制进度。

正是由于工程总师卓有成效地组织、指挥、协调，才保证了"331"工程及其五大系统研制工作优质高效的进行。

指挥发射

将试验通信卫星送入距地球表面35800千米的地球静止轨道，对于中国人来说，这是1984年以前开天辟地的第一次。1983年9月、10月，"东方红二号"试验通信卫星和"长征三号"运载火箭，分别从北京、西安（卫星的远地点发动机）、上海（"长征三号"的一、二级）运往西昌卫星发射中心。

1983年10月，任新民又随队征战西昌，参加指挥"331"工程的发射试验。这次发射试验涉及面非常广：全国20多个省、市、自治区，国务院30多个部委，解放军各总部、有关军兵种、9个大军区及所属上千个单位，从陆地到海洋，在长达7000余千米的航区内，配置了发射、测控、通信、水文、气象、运输保障、海上救护等系统。其中，仅通信系统就配置600多个台站，2000多台设备，使用161条长途电话、15条专向无线电网络，重点方向还采用了双套电路，足见这次发射试验的组织指挥系统的庞大和复杂。任新民作为工程总设计师对技术工作负全责，参加了发射指挥部的工作。任新民坐镇西昌卫星发射中心，精心组织和参加运载火箭与卫星的测试与检查。有一次，他看到了张爱萍1983年11月12日在一份文件上的批示："目前是'331'工程试验工作最关键的时刻，请你们及各级领导认真抓紧，及时发现并切实解决每一个细小的问题，绝不允许任何人对'331'工程试验有等闲视之的态度。"

　　任新民细细地咀嚼和品味着张爱萍的批示，更感到自己肩上的责任和压力之大。他立即同航天部试验队队长张镰斧商议，向副主任设计师以上的人员传达了张爱萍的批示，他要求各单位要将张爱萍的批示传达到所有参试人员，并以实际行动贯彻落实。他要求全体参试人员要保持热烈而镇定的情绪，开展紧张而有序的工作，要将周总理提出的"严肃认真，周到细致，稳妥可靠，万无一失"的十六字指导原则落实到具体行动中，落实到每一个测试检查的环节。

　　然而，一帆风顺，万事如意，那只是人们的期盼，在现实中往往不能如愿。"331"工程的"长征三号"和"东方红二号"在技术厂房和发射场区的测试检查中，出现的各类问题多达几十项。这同以往的航天型号大体类同。这位工程老总镇定自若，但实在是忙碌极了，白天要到测试现场查看测试情况，晚上开会搜集各分系统测试中发现的主要问题，进行分析、研究、协调和决策。进场的几个月他都是这样马不停蹄地运转着。发射场的生活和工作单调而枯燥，他却不以为然。他既不下棋，也很少看电视、录像，唯一的兴趣就是利用晚饭后开会前的空闲时间快速走步，这就是他的嗜好，也是锻炼身体的办法。在试验队少有的休息日，他除了查阅有关技术文件外，就是快步"远征"，一直走到距驻地近10千米的集镇。他既不买一分钱的东西，也不看一眼，到达目的地后掉头儿就往回走。因长期坚持锻炼，他的身体很棒，年近古稀的他走得很利索，40多岁的秘书都赶不上他。他在快步走路时，谈论的大多还是检查测试中的问题，他确实是全身心地投入到"331"工程中去了。

在"331"工程的测试检查中，还出现了过去从未遇到过的令人头疼的难题。一是在技术厂房水平测试即将结束时，出现了需要换一级发动机的问题；二是在垂直状态已经加注了偏二甲肼和四氧化二氮后，准备加注液氢液氧时，需要更换陀螺平台。这两个问题着实都很棘手。任新民遗憾而自信地说："过去出现过的问题出现了，未出现过的问题也冒出来了！好啊，我们通过处理这些新冒出来的问题，也是长见识、积累经验哪！"

这两个棘手的问题都直接关系到在1984年4月底前的发射窗

口内能否完成发射任务，关系到我国试验通信卫星能否成功发射。任新民处惊不乱，镇定自若，在岌岌可危的时刻，技术指挥员的镇定、果断至关重要。他敢于负责、善于负责，敢于决策、善于决策。技术文件规定，在运载火箭运输过程中，一级发动机的四个喷管要装保护拉杆。而在技术厂房测试结束准备转往发射场区时，发现这台发动机未装保护拉杆，当时又没有测量过发动机在运输过程中的振动情况，没有掌握相关数据，只有换发动机；决定在换陀螺平台时不泄出偏二甲肼和四氧化二氮，对推进剂贮箱实施保温措施，并启动遥测，观测贮箱的温度。决策后，他亲自组织，精心指挥，并得到了国防科工委机关、航天部机关、空军、西昌卫星发射中心及有关参试人员的大力协同、支持，一次险情终于化险为夷，妥善地处置和解决了这两个令人头疼的难题，保证了测试、发射任务的如期进行。

数万人十多年的辛勤耕耘、浇灌，近万人几个月来紧张而繁忙的测试检查和排除故障，终于迎来了"331"工程产品横空出世的这一天。1984年1月29日晚8时24分，随着"点火"的口令，在发动机启动的轰鸣声中，"长征三号"托举着"东方红二号"缓缓升起，一级与二级点火飞行，一、二级分离，三级一次点火、飞行、一次关机和滑行段都很正常，按照预定的飞行程序，氢氧发动机进行二次点火。任新民在一级点火、"长征三号"起飞后，快速地从地下发射控制室乘车来到指挥控制大厅，领导和参试人员在紧张而严肃的气氛中凝望着大屏幕，不时发出热烈的掌声和欢呼声。任新民双目紧盯着发动机的推力曲线和燃烧室压力曲线，看到二次点火后的3秒钟，燃烧室压力开始下降，并迅速下降为零，他敏锐、沉痛而刚毅地说："还鼓什么掌，发动机出问题了！"在场的非专业人员还有些纳闷，都愣了。任新民拎起包就往外走。在汽车上，死一样的沉寂让人透不过气来，司机老田问秘书："怎么样？"秘书回答："回去再说。"任新民迸出了一句："没成功。"

"长征三号"三级氢氧发动机二次启动失败后，箭上程序控制器继续工作，按程序发出了星箭分离指令，卫星被送入了一个高度为400千米的近圆形的停泊轨道。在这种情况下，按试验大纲规定的预案付诸实施。通过遥控系统，对卫星上的远地点发动机实施点火，将卫星推进到一个远地点为6480千米，近地点为400千米的椭圆轨道，进而进行了卫星的测姿、调姿、通信、广播、电视传播等试验。

作为工程总设计师并一直亲自抓"长征三号"研制工作的任新民，其压力自然很大。尤其是故障就出在氢氧发动机上，他一直力挺上氢氧发动机，并一直亲自过问氢氧发动机的研制试验，面对挫折和众说纷纭，内心的苦涩是不言而喻的。有人甚至提出，氢氧发动机技术并未过关，更有甚者，认为上氢氧发动机的方案是错误的，压根儿就不应该上。

任新民陷入了冥思苦想之中，故障的原因到底是什么？会不会有原理性的问题？第二颗试验通信卫星还要不要发射？还能不能在4月底以前这个大窗口内组织发射？这一系列的难题都严肃而冷酷地进入了任新民的思维。他痛定思痛，以其特有的刚毅、沉稳，暗下决心：凡是涉及分析故障原因及改进措施的意见与建议，不但要听，而且要认真地进行分析研究；其他的非议置之度外，全当耳旁风。他坚信：一次点火滑行段我们都闯过来了，二次点火也能闯得过！他召开了由昔日与其一起战斗的、搞氢氧发动机的科技骨干参加的会议，会议还没开始，与会人员一见到他们氢氧发动机的"主心骨"，似乎有一肚子的苦水要倾诉似的，滔滔不绝地说起了几天来听到的议论和闲言碎语。任新民默不作声，洗耳恭听。他深思熟虑后开口了："当务之急是把故障的原因和机理分析清楚。说不定人家的议论还有道理呢！我们要用道理、用科学、用数据说话，对于别人的议论还不具备发表意见的条件。"听了他的一席话，与会人员的气愤顿时消散了很多，开始讨论分析故障原因的主题。会议的最后，他同大家一起重温了聂荣臻元帅1984年1月30日发给"331"工程试验队全体参试人员的慰问信，聂帅在肯定发射成绩的同时，指出："这种极复杂的科学试验，哪能要求必须一次成功，何况这次是最新发动机的首次上天试验，在欧美几个少数国家也是经过反复失败、成功，才掌握了新技术的。所以只要大家认真对待，从中分析原因、查明故障、得出经验，我国的地球同步轨道卫星一定会发射成功的。现在关键在一字之差，是鼓气，还是泄气，我相信同志们一定会以科学的态度，继续努力，终会获得成功的。"任新民激动地说："聂帅的话说到家了，我们要把思想认识统一到聂帅的慰问信上来。"

发射场的故障分析工作由任新民、张镰斧和谢光选负责，任新民亲自主持。他们以遥测数据为依据，进行深入、科学而细致的分析、计算。任新民在这一时期内，本来就比较严肃的面孔似乎板得更紧了，几乎没有一丝笑容，看得出他沉重的心情和绞尽脑汁的心绪。他亲自查阅遥测数据，并进行有关重要数据的整理与摘录，同广大科技人员和西昌卫星发射中心的有关人员进行反复的研究讨论，对故障现象、产生故障的原因与机理、应采取的改进措施等，基本上取得了共识。

经过反复的分析、讨论，最后综合出了两种故障模式：一是二次启动时的高度为400千米，此处的大气压力远远低于液氢、液氧三相（固、液、气）点的压力。氢氧发动机第一次关机后，残留在发动机内腔的液氧，在蒸发过程中，有可能产生固氧，导致第二次启动失败；二是在200秒滑行过程中，发动机管路中生成的氢气不易排净，当时又处于高空失重的环境，造成氢氧发动机二次启动失败。针对这两种故障模式，设计师系统逐层研究、审批，最后经工程总师任新民批准，决定采取三大改进措施：增加氦气吹除系统；降低启动过程中涡轮工质的温度；延长二次预冷时间，确保二次启动时的液氢品质。

与此同时，在北京，有关方面也在组织科技人员开展故障分析，但与前方形成的意见大相径庭。如按后方的某些意见办，1984年4月底以前这个窗口内就发射不了了，需再推迟一年。如再推迟一年，箭上与星上的一些元器件、密封件就会过期，有些科技人员、管理人员即将离退休，事态严重，岌岌可危，"331"工程何时完成遥遥无期，也势必影响到整个"三抓"

任务的完成。

任新民坐镇西昌，一天从早到晚都在忙着进行故障分析和制定改进措施。无暇他顾，他也不想听那些玄玄乎乎的意见。问题的关键是我们自己要把问题搞清楚、搞准确。张镰斧对北京的各种意见却了如指掌，他希望任新民返回北京，做做后方人员的工作，但又担心任新民不肯放下在西昌的工作，不同意返回北京。张镰斧找到任新民的秘书说："北京有点儿乱套，你得说服任副部长回北京一趟，把局面稳定下来。"秘书向任新民讲了此事，他没吭声，刚开始有些迟疑，过了一会儿，他说了一句："好吧！"

任新民接到返回北京向有关领导汇报的任务后，连夜组织有关人员整理修改《关于"长征三号"第一次发射的故障分析与改进措施的报告》。2月21日，任新民等风尘仆仆地回到北京。次日，张爱萍主持会议，听取国防科工委、航天工业部领导关于"331"工程情况的汇报。与会者都知晓，此乃关系到"331"工程能不能组织第二次发射，会场一片寂静。张爱萍到后环视了一下，这位多谋善断的将军开门见山地说："方方面面的关于'331'工程要不要在今年4月底以前组织第二次发射的各种意见，我都知道了，都不用讲了。今天，我就听从前方回来的工程总师任新民的意见。任新民同志，你讲吧！"任新民正拿着笔记本准备记录张爱萍、国防科工委和航天工业部领导的讲话和意见呢，没想到他却成了第一个也是唯一的汇报人，一时感到有些突然。他定了定神，看态势他是不能照准备的内容进行汇报了。不过他对故障分析与改进措施已经是滚瓜烂熟了,他也十分清楚自己意见的分量和自身的责任,这是西昌发射现场和"331"工程全体参研、参试成千上万科技人员、干部、工人和解放军指战员的重托,这关系到我国试验卫星通信工程成败的历史使命,仿佛有无数双眼睛在看着,在期盼着,在给他鼓劲。他抖了抖精神,提高嗓门,重点汇报了两种故障模式和三项改进措施。最后,他坚定而自信地说:"'长征三号'第一次发射故障的原因和机理是清楚的,所采取的措施是有效的。"他用略带请战的口气说:"我认为完全能继续组织第二次发射,而且能够在4月底以前实施发射!"张爱萍请国防科工委陈彬主任、马捷副主任及航天工业部的领导发表了意见,张爱萍批准了任新民的汇报提纲,同意在1984年4月底以前组织实施"331"工程的第二次发射。张爱萍还强调指出:"331"工程要加强集中统一领导,充分发扬技术民主,认真落实岗位责任制,要以科学的态度、科学的方法完成第二颗试验通信卫星的发射任务,夺取"三抓"任务的全面胜利。

汇报会后,任新民如释重负,要不要进行第二次发射的石头总算落了地。可新的更大的重负又压在了他的肩上。虽然春节刚过,但他顾不得与家中母亲、夫人、子女及孙辈同叙家常,共享天伦之乐。2月22日下午即乘飞机抵达成都,又马不停蹄地从机场直奔火车站,赶乘成都至昆明的火车,次日清晨返回西昌发射场。

领回了组织"331"工程第二次发射的任务,他内心充满了激动和兴奋，当即与张镰斧通了电话。但他更清楚自己肩负的责任，在北京飞往成都的飞机上，他还沉浸在领到任务的兴奋中，疲惫的神态中还带有喜悦。可一上了成都开往西昌的火车，他又打开了思索的闸门，绞尽脑汁地想着："现在采取的三项措施是有效，但对富氧爆燃还没有治本呀！"他反复地同秘书念叨着。猛然间，他像找到金钥匙似地，大声说了起来，并在一张纸上画着，"在发动机启动时增加液氢的流量，改变混合比，不就彻底解决富氧爆燃了嘛！"

翌日清晨回到试验队驻地，他一下汽车，还没顾得上吃早饭，就同张镰斧、谢光选及氢氧发动机的主要研制人员一起开会，向大家报告他的发动机启动时增大液氢流量的设想，商讨采取这一措施的可行性及工作量等。与会人员都非常赞同他的想法，将这一措施命名为增加液氢旁路系统。

十万火急，会后，他三口并作两口地吃完了早饭，随即就同有关的科技人员，特别是搞发动机总装的人员，到技术厂房的运载火箭旁，察看氢氧发动机的实物，量尺寸，看发动机管路的分布，研究增加液氢旁路系统的可行性。经过反复地察看实物并对照图纸，边讨论，边设计，边画图，用了两天多的时间，就制订了设计方案，并绘制了设计图纸。

自1984年1月29日"长征三号"第一次发射出现失利后，到4月8日成功地实施第二次发射，整个故障分析工作和实施改进措施的工作，都是超常态进行的。从设计、生产到试验，一环扣一环。紧张而热烈的方案讨论会还没有结束，设计工作即已开始,边讨论,边设计,边出图;前方(西昌)的设计图纸一出来,就用传真发回后方(北京)的生产厂;图纸还未到厂,主管设计师还未返京进行技术交底,工厂的工人们就做好了生产准备;试验件还未到,试验室的各项准备工作,包括人员、仪器设备和试验方案等已经就绪。"时间就是命令"已成为前后方所有参战者的共同准则,来往的文件、图纸收到即直接送往工作地点,好一派你追我赶、激情燃烧的热烈场面。正是由于任新民、张镰斧、谢光选、王忠志及在北京的刘传儒等的精心组织和指挥,正是由于前后方广大科技人员、管理人员和工人齐心协力、紧张而有序的工作,共用了70天时间,比前方指挥部要求的时间提前16个小时完成了实施四项改进措施的任务,创造了国内外航天史上的奇迹。

法国阿里安火箭在1980年5月23日第二次发射失败后,再次发射整整用了一年的时间;1986年1月28日,美国挑战者号航天

任新民(左)和谢光选在一起

飞机发生飞行中爆炸后，再次飞行用了两年半的时间。中国航天仅用了70天时间就解决了氢氧发动机经过长时间滑行、高真空、失重条件下启动这一重大技术关键。

中国航天史上又一个辉煌的一天终于来到了，1984年4月8日19时20分02秒，随着一级发动机点火后震耳欲聋的轰鸣，"长征三号"连同其运载的"东方红二号"卫星拔地而起，直插太空！任新民下意识地屏住呼吸，目不转睛地盯着大屏幕上的加速度曲线，静静地听着喇叭里的广播，耳边不断传来"一级飞行正常""一级关机正常""二级点火正常""二级飞行正常""二级关机正常""三级一次点火正常""三级飞行正常""三级一次关机正常""三级滑行段正常"的报告，此时，任新民的心已提到了嗓子眼，他深吸一口气，一边听广播，一边死死地盯着运载火箭加速度的曲线。旋即，广播里传来"三级二次点火正常""三级飞行正常""三级二次关机正常""星箭分离""卫星起旋"的声音。星箭分离后火箭发射就圆满地完成了任务，成功了！他似乎不相信自己的耳朵，仍注视着大屏幕上的曲线。起飞后20分钟，广播里传来振奋人心的喜讯："火箭分离正常，卫星进入地球同步转移轨道！"西昌卫星发射中心指挥控制大厅里顿时沸腾了，响起了雷鸣般的掌声，人们不约而同地向这位工程总师围拢过来。这时，他才从凝视中转过头来，擦了擦额头上的冷汗，数月来紧锁着的眉头才舒展开来，露出了淡淡的笑意。他像演员谢幕似的同前来祝贺的同志们边握手，边连续地说："谢谢同志们，大家辛苦了！"

他无暇回顾在西昌卫星发射中心7个月来，特别是最后70天的艰辛、劳顿，更无暇回顾"331"工程十多年来的研制历程。他很清楚，今天的成功标志着中国已经掌握了发射地球静止轨道卫星的运载火箭技术、研制氢氧发动机技术，特别是滑行段技术和二次点火技术已经过关，中国的运载火箭技术在世界先进行列中又向前跨越了一步。但通信卫星的工作才刚刚开始，起旋、打开太阳能电池帆板，后边的路还很长，包括测姿、调姿，远地点发动机点火、工作，卫星漂移、定点、测轨、控轨、在轨测试以及卫星的通信试验与使用等，"331"工程的主任务还没有完成。他既高兴又感到任重道远。

在欢庆发射成功的夜餐会上，似乎是"长征三号"的发射成功驱散了连日来的疲惫、困倦，他的邻居——七机部老副部长、长他几岁的老红军谷广善，连饮三杯，对发射成功表示诚挚的祝贺；年轻的同志，特别是搞氢氧发动机的同志，更是抑制不住内心的喜悦和激动，来到他们的"主心骨"面前祝贺。任新民虽不动声色，但也融入了这欢乐的海洋，乐此忘疲。他看了看表，已经是深夜两点了，他还要赴渭南测控中心，去参加指挥"东方红二号"卫星的远地点发动机点火和卫星定点等。其实他的秘书早已赶回宿舍，清理文件资料，打点行李了。

到了渭南卫星测控中心，这位年近古稀的老人本已十分劳累，可一到指挥控制大厅，精神头儿又来了。他全神贯注地倾听着广播里发出的各种信息，注视着大屏幕上显示的各种曲线、数据。当卫星进入第三个远地点的前3个小时，地处渭南和闽西的两个测控站都正常跟踪到卫星，将卫星精确地调整到远地点发动机点火的姿态，星上仪器工作完全正常。4月10日8时47分，按既定程序发出的遥控指令，使固体远地点发动机点火成功，工作正常，将卫星由大椭圆转移轨道推进到地球准静止的圆轨道，入轨精度很高。随后，通过遥控指令调整卫星姿态，卫星按预定的漂移速度向定点的经度位置漂移。

然而，事情并不是一帆风顺。在卫星向定点位置漂移的过程中，工作人员很快发现星上镉镍蓄电池过充，出现了热失控，整星温度不断上升，已接近70℃。任新民等刚从西昌转场至渭南测控中心，刚刚经历了卫星远地点发动机点火成功，松了口气，可热失控问题出来后，顿时又变得十分紧张。蓄电池的温度与蓄电池的电压发生恶性循环，蓄电池的温度增高，其电压降低，附加充电增加，使其温度又升高，蓄电池电压又降低，这样恶性循环下去，太阳能电池不断给蓄电池充电，会使蓄电池温度迅速上升，可能引起蓄电池损坏和卫星夭折。问题十分严重，任新民与已在渭南测控中心负责飞行控制组工作的航天部副部长宋健，"东方红二号"总设计师、空间技术研究院院长孙家栋连夜召开会议。同飞行控制组及测控试验队等有关方面的科技人员，共同研究、讨论应对的办法。飞行控制组提出了解决蓄电池热失控问题的应急方案，即对卫星进行大角度姿态调整，增大太阳照射角，降低太阳能电池与蓄电池之间的压差，使蓄电池不致过多地充电，停止蓄电池升温，从而降低整星温度。但这种大角度调姿已经超过原来的设计范围，是对卫星姿态控制系统的严峻考验。如果调姿成功，卫星得救；如果调不好，卫星会迅速夭折。这是一个带有风险的决策，是没有办法的办法。时不我待，任新民、宋健、孙家栋、测控中心王盛元司令员等，毅然决然地决定实施大角度调姿的应急方案。有关的科技人员和操作人员沉着应对，冷静操作，准确、细心而又大胆地进行十几次调姿。包括由北向南180°的大调姿。当艰难地将卫星调姿到太阳角大于150°时，整星温度降到了安全范围，卫星得救了。

镉镍蓄电池热失控问题的解决，得益于姿态控制系统的设计余量和可靠性，得益于飞行控制组、试验队有关人员的聪明才智和艰辛、细致的工作，得益于领导的果断而适时的决策。这使任新民和广大科技人员切身体会到了张爱萍要求参试人员具有三种本领的现实而重要的意义。三种本领即正常情况下的操作本领，预想到的故障情况下的挽救本领，意想不到的故障

任新民（右）与宋健（左）、鲍克明（中）在一起

情况下的应急应对本领。这次热失控问题的解决，也使任新民及广大科技人员又在实践中增长了新知识，积累了新经验。

任新民他们最终将卫星调整到长期运行的姿态，以保证卫星长期稳定的工作。1984年4月16日18时27分57秒，"东方红二号"试验通信卫星成功地定点于东经125度赤道上空，星上仪器设备工作良好，启动了星上消旋组件，使定向天线对地定向，星上转发器做好了开通通信试验的状态准备。

4月17日18时，卫星通信试验正式开始，首先由石家庄地面站对星上通信转发器进行在轨测试，测量单频饱和全向等效辐射功率、转发器中心频率和频率精度、通信频带宽度、交调干扰等十几个参数。测试表明，通信转发器的各项技术指标均满

1984年在西昌卫星发射中心任新民（前排中）、谢光选（左一）与乔石（右二）在一起

足要求，并优于设计指标。

在轨测试完毕后，进行通信信息传输试验，主要有通信、广播和电视等传输试验。电视传输试验进行了近1个小时，整个传输过程中画面稳定、图像清晰、色彩鲜艳、伴音清楚纯真，转播效果比预想的还好，质量优于微波中继。

在电视传输试验的同时，还进行了多路数字电话通信试验。话音清晰，保真度好，几乎没有噪声和干扰。1984年4月18日上午10时，时任国务委员兼国防部长、中央军委副秘书长的张爱萍，在北京国防科工委试验指挥所，利用我国的试验通信卫星"东方红二号"，与远在乌鲁木齐的新疆维吾尔自治区党委书记王恩茂通电话，通话双方的对话有7万多千米的传输距离，却如同近在咫尺，通话声音清晰、真切。

15套广播节目的传输试验，由北京的中国国际广播电台经卫星通信线路到边疆地区的对外广播电台，结果也令人欣喜。试验时传送了多种中外音乐节目，并用粤语、闽南客家话、日语、西班牙语、俄语、英语、缅甸语以及菲律宾语等播送节目，广播节目音乐优美动听，语言清晰悦耳。

任新民参加了部分通信试验，试验后从他嘴边露出了微微笑意，看得出他由衷的高兴。

通过通信试验证明功能正常。1984年4月25日，进行了最后的开通业务的准备试验。5月14日，通信试验结束，正式交付使用。卫星进入长期运行管理阶段，我国的卫星通信由试验阶段进入试用阶段。

试验通信卫星的发射、定点、通信试验和试用的成功，标志着我国20世纪80年代前期的三项重点任务均已圆满完成。4月18日，中共中央、国务院、中央军委向全体从事研制、试验的科学工作者、工程技术人员、工人、干部和解放军指战员发了贺电。4月30日晚，在人民大会堂隆重举行庆祝我国试验通信卫星发射成功大会。参加研制试验的科学工作者、工程技术人员、工人、干部和解放军指战员代表参加了大会。党和国家领导人胡耀邦、杨尚昆、余秋里等出席了大会。中央领导现场讲话指出："这是我国社会主义现代化建设的一个重要成就，标志着我国运载火箭技术和通信卫星技术已经跨入世界先进水平行列。"

"331甲"——卫星通信升级版

"东方红二号"毕竟是试验通信卫星，由于受当时科技水平等诸多因素的制约，星上只装了两个通信转发器。在确定"东方红二号"总体技术方案时，由于当时的政治环境，要考虑支持世界革命的需要，采用了喇叭形的全球波束天线，天线波束的覆盖范围大，使国内覆盖区的天线增益相对小。"331"工程当时是打二备三，即投产三枚"长征三号"运载火箭和三颗"东方红二号"试验通信卫星，并要求有一次发射成功。第二颗"东方红二号"定点并投入试用后，还剩下一枚"长征三号"和一颗"东方红二号"。

工程总师任新民开始考虑第三枚"长征三号"和第三颗

"东方红二号"的用场。如果再发射一颗和第二颗相同状态的试验通信卫星，太乏味了。他同"东方红二号"卫星的总设计师、副总设计师和有关的主任设计师们，进行了反复的研究讨论，并请中国空间技术研究院进行技术经济可行性论证。最后经任新民批准，决定对第三颗"东方红二号"进行设计修改：将全球波束的喇叭天线改为国内波束的抛物面天线，以提高等效全向辐射功率；将星上的两个通信转发器改为四个，增加通信容量。为配合这两项修改，还要进行一些适应性和完善性的修改。改进的工作量还是比较大的，也有一定的技术难度。

经过改进设计的通信卫星命名为"东方红二号甲"实用通信卫星，整个工程命名为"331甲"实用卫星通信工程。1984年8月24日，国防科工委任命任新民为"331甲"工程总设计师。

任新民又一如既往地抓"331甲"工程，深入科研生产第一线，同科技人员一起研究制订改进的技术方案，检查督导研制工作。他发现通信转发器接收部分的研制工作成了整个"331甲"工程的瓶颈，在研制进度、研制经费、进口条件等方面，都达不到工程的要求。任新民带领部机关有关人员进行协调，进展不大。

任新民同当时分管卫星工作的宋健副部长磋商，决定对通信转发器接收机的研制引入竞争机制，即由原研制单位（五院504所）和二院23所（雷达技术研究所）同时研制，待两个单位分别研制出模样设备后，组织同行专家进行评审，择优确定研制单位。这个办法果然灵验，两个研制单位都很积极努力，按要求的进度研制出了模样设备。经评审，两个单位研制出的模样设备的技术性能指标及进度、所需研制保障条件等，大体相同。原来的几大难题，几经协调而无效的问题迎刃而解。后考虑与卫星总体协调的方便性以及研制工作的连续性等，还是决定由五院504所承担此项研制任务。

"331甲"工程的研制按既定的计划顺利进行。1986年2月1日，任新民在西昌卫星发射中心主持了第一颗实用通信卫星——"东方红二号甲"的发射。就在这次发射中，经历了一次惊心动魄，且至今也没有彻底破解的风险决策，从中更彰显了任新民镇定、果断、敢于决策的品格。发射前，三级氢氧发动机进入地面预冷，后下达了射前15分钟准备的口令，在塔架上的最后一批人员已经撤离。在发射控制室里的任新民接过秘书送上的发射任务书，正待签字。广播里却传来了氢氧发动机舱氢浓度升高的消息。任新民一听，脸马上沉了下来，"啪"的一声合上发射任务书的夹子，严肃地说："这还怎么签？！"随即起身，小跑着向发射塔架奔去，径直奔向氢氧发动机那层塔架平台上。试验队队长、一院院长李伯勇，"长征三号"总设计师谢光选，副总设计师范士合、王之任等，都到了这层平台上。他问搞氢浓度检测的510所的同志："你们认为氢浓度为什么升高？"对方回答说："可能是氧的液化和固化温度高，可能先固化了。"任新民锐敏地反问："那真空度为什么没提高？"对方嗫嚅地回答说："这我就说不清了。"停了一会儿，塔架的平台上鸦雀无声。任新民最后平和地问："根据你的判断，液氢贮箱

任新民在七机部召开的庆祝我国试验通信卫星发射成功大会上讲话

泄漏的可能性有没有？"510所的同志回答："不大可能。"随后，在场的人谁也不吭声，空气凝寂得让人喘不过气来。这时李伯勇走到任新民面前："任主任，打不打？"任新民小声而坚定地说："打！"这时，在塔架平台上的人都陆续地下去了。回到发射场坪上，大家彼此相视，就像不认识一样，谁也不开口。人们又都各就各位，任新民在发射任务书上郑重地签上了自己的名字，以示负责。发射工作按着射前的流程继续进行。这枚"长征三号"不负众望，成功地将"东方红二号甲"通信卫星送入地球静止转移轨道。这颗卫星按预定的程序成功定点和投入使用，达到了设计要求。

事后，谈起此事，任新民心有余悸地说："这也是无奈之举，属风险决策。第一，这枚'长征三号'是当时'打二备三'剩下来的，已没有可换的贮箱了；第二，当时中央党和国家领导人以及国家各部门的领导都聚集在西昌卫星发射中心的指挥控制大厅，如果推迟发射，那影响就大了。逼上梁山呀！但我也有个基本判断，那时氢浓度增高的速度很慢，若是贮箱泄漏，那氢浓度会升高很快。如果说是检漏设备氢质谱仪的问题，那也没法查到证据。"在这千钧一发之际，足见任新民敢于负责、敢于决策、处置果断的胸怀与魄力。

任新民又分别于1988年3月7日、1988年12月22日、1990年2月4日、1991年12月28日，主持发射了4颗"东方红二号甲"实用通信卫星。除最后一颗卫星因"长征三号"运载火箭故障未能进入地球静止轨道外，其余三颗卫星均成功定点并投入使用。

经过在轨测试和运行使用检验，证明"东方红二号甲"通信卫星的技术性能指标已经达到并超过了设计要求，在轨寿命都超过了5年。先后成功投入运行使用的4颗卫星，广泛地应用于电视、广播、长途电话、远程教育、金融、电力、水利、新闻出版等部门。承担着中央电视台一、二套节目和30路对外广播节目以及8000多部卫星电话的传输业务。这4颗"东方红二号甲"通信卫星的发射和使用，我国用于通信的星载转发器的国产化程度在20世纪80年代末达到了60%左右，我国电视人口覆盖率由原来的30%增加到83%~84%，基本上改变了西藏、新疆、青海、四川、云南、贵州等边远地区及海边防收视难、通信难的状况。

1986年5月31日，任新民又被国防科工委任命为中容量（当时称为大容量，后称为中容量）卫星通信工程的总技术顾问，向新的更艰巨的任务进发。中容量卫星通信工程的运载火箭为"长征三号甲",通信卫星为"东方红三号"。

"长征三号"运载火箭研制成功后,任新民同"长征三号"设计师系统的科技人员,经过反复的分析、论证,中国运载火箭技术研究院确定了发展思路:在"长征三号"的基础上,实行"上改下捆,先改后捆"的设想。"上改"就是研制新的第三级,即研制新的氢氧发动机;"下捆"就是在一级捆绑若干常规推进剂的液体助推火箭。经过酝酿,1985年9月,任新民以航天部科技委的名义召集航天系统有关专家,评议改型的"长征三号"的技术指标和总体方案。翌年2月,航天部向国务院申报立项,并将其命名为"长征三号甲"。1986年3月31日,国务院批准立项,"长征三号甲"运载火箭成为我国新的卫星通信工程的五大系统之一。自此,"长征三号甲"正式进入工程研制阶段。

之后,任新民参加领导了"长征三号甲"的研制与发射,研制过程中形成了"上改下捆"的发展思路,成功研制出在"长征三号甲"基础上捆绑4个液体助推火箭("长征三号乙"运载火箭)、捆绑两个液体助推火箭("长征三号丙"运载火箭),形成了"长征三号甲"系列运载火箭,成为我国运载火箭中的主力火箭。"长征三号乙"的地球同步转移轨道运载能力,实际发射结果达到了5200千克,远高于设计值。仅次于美国大力神4运载火箭(6350千克)、俄罗斯质子号运载火箭(5500千克),当时居世界第三位。

第七章

耕耘不辍

亲临一线

早在任新民担任七机部副部长时,党组分工他分管"风云一号"试验气象卫星工程。"风云一号"是极地轨道(又称太阳同步轨道)气象卫星,用"长征四号甲"运载火箭发射。"长征四号甲"的原型是第三级为常规推进剂发动机的"长征四号","长征四号"原是发射地球同步轨道卫星的"长征三号"的备份火箭,由于"长征三号"已研制成功,于是对"长征四号"进行了改进研制,用来发射极地轨道卫星,称为"长征四号甲"。

"风云一号"试验气象卫星工程由五大系统组成:"风云一号"气象卫星系统、"长征四号甲"运载火箭系统、发射场系统、测控通信系统和地面应用系统。各系统的研制单位跨地区、跨部门，协作关系复杂。主要承研单位包括：上海七机局（后称上海航天局、八院）、七机部（后称航天部）五院、七机部067基地、八机部（后并入七机部）111厂、中国科学院上海技术物理研究所、四机部（后称电子部）上海华东计算所、国家气象局等部门和单位。组织协调工作更为复杂和艰巨，任新民在其中起到了不可替代的作用。在这一工程主要大系统及其关键分系统的研制中，从技术方案的论证、确定，到重大关键技术的解决，直至重大的地面试验和发射现场测试中出现的各类重大技术问题的协调与解决，他都亲临现场，事必躬亲，掌握情况，同有关人员一起研究、讨论，发表中肯而又有指导性的意见，并适时地做出分析、判断，对重大问题做出果断决策。

1984年8月24日，任新民正式被国防科工委任命为"风云一号"试验气象卫星工程总设计师。此时，第一颗试验通信卫星"东方红二号"已发射、定点成功，投入运行、使用，这使他得以把工作重点转移到"风云一号"试验气象卫星上来。这一工程的研制单位主要在上海地区。在这一时期内，他几乎是常驻上海，奔波于"长征四号甲"和"风云一号"的研制单位，协调和解决各种各样的问题和关键技术。尤其是中国科学院上海技术物理研究所和四机部上海华东计算所，都承担着重要的分系统和设备的研制任务，又都是航天部系统以外的单位，过去对他们的情况掌握有限，所以在这一时期内，任新民花了相当多的时间到这两个单位了解情况、协调问题，并熟悉了有关的

任新民（右二）在一线调研考察

科技人员，为他后来在发射场的组织指挥工作奠定了技术和人际关系的基础。

1985年，航天部开展了航天型号的清理整顿工作，围绕"风云一号"试验气象卫星是使用"长征四号甲"还是使用改进的"长征三号"发射的问题进行了讨论、辩论，两种意见各执一词，势均力敌，针锋相对。当初反对将"长征四号"作为发射通信卫星第一方案的任新民，在多次会议上，坦诚而坚定地阐述了他的观点和意见："原来我是不主张'长征四号'立项的，因为我相信氢氧发动机和'长征三号'是能够研制成功的，我们应该集中力量研制'长征三号'，没有必要搞'长征四号'作为备份方案,更不能把'长征四号'作为发射通信卫星的第一方案。但现在'长征四号'及其改进研制的'长征四号甲'的研制工作,已经完成了百分之七八十,再花少量的经费就可以研制成功以常规推进剂发动机为三级的运载火箭,何乐而不为呢?!"他加重语气地说:"如果'长征四号甲'下马,需要一笔下马费;再加上用'长征三号'发射极地轨道的'风云一号'卫星,还要进行改型研制,这又得需要一笔改型研制费,两笔经费加起来,比继续研制'长征四号甲'所需的经费要多得多。花相对少的钱,还拿到另一种可供选用的运载火箭。哪个划得来呢?"他环视了一下在座的各位,动情地说:"有人讲,十月怀胎,一朝分娩,如果怀孕七八个月再打胎,会伤母体。这话有道理,'长征四号甲'就是已经怀孕七八个月的胎儿,如果让其下马,会伤及母体上海航天局的士气。要三思呀!"这时,有人提到"长征三号"已有三次发射的实践,两次已圆满成功,是比较成熟和可靠的运载火箭,而"长征四号甲"发射成功的把握有多少呢?任新民有些激动,他"腾"地站了起来,斩钉截铁地表示:"我能够和大家一起研制成功三级为氢氧发动机的'长征三号',也能够带领大家研制成功三级为常规发动机的'长征四号甲'。我可以立军令状,如果研制不成功,我负全责,也可以坐牢、砍头,别看我70多岁了,坐几年牢还没问题!"在场人员看着任老总气呼呼又十分赤诚的表情,都有些感动。连与其意见大相径庭的一位老总也劝道:"老任,别生气,他(指怀疑'长征四号甲'成熟度和可靠性的一位同志)不就是个技术员嘛？！用不着跟他较真。"争论和辩论持续了一段时间，已到了白热化的程度，两种意见相对峙。在一次会上，航天部李绪鄂部长无奈地说："两位副部长的意见是一对一，两位老专家的意见一对一，部机关计划司和科研局的意见是一对一。会后，我们再广泛地听取方方面面的意见，认真地研究，最后再做决定。"后来，航天部党组做出决定：继续研制"长征四号甲"运载火箭，用它发射极地轨道的"风云一号"试验气象卫星。

在技术上不同意见的争论和辩论是正常现象，这件事正是贯彻发扬技术民主的典范。任新民作为一位老专家不避嫌，不回避矛盾，直言不讳，这正是其事业心和责任感的体现。

也就在此时，任新民着眼于航天事业的大局，着眼于航天型号及其主要分系统清理调整的大局，对"长征三号"和"长征四号甲"一、二级液体火箭发动机的研制定点进行了调整。由于历史的原因，这两个型号的发动机分别由航天部067基地和上海航天局两个单位研制，他们各自都有一套完整的体系，包括研究设计、试制生产、试车试验等三方面的单位。"机不可失，时不再来。"任新民抓住了这次机遇，在决定上海航天局继续承担"长征四号甲"运载火箭研制生产任务时，调整航天部三大摊液体火箭发动机研制单位的分工问题。他出面做上海航天局的工作，把运载火箭大发动机的研制生产任务交给陕西的067基地；上海的发动机研制单位集中精力研制弹、箭、星上的中小发动机。他的理由很简单：上海航天局要下力气把"长征四号"系列的运载火箭研制任务完成好，没有必要死抱着主

任新民（左二）在067基地试验现场听取汇报

要是批产性质的大发动机。上海航天局及其发动机研制单位的领导深知任老总为保留"长征四号甲"所做的努力，运载火箭及发动机的主要技术负责人，如孙敬良、臧家亮、李相荣等，又都是任老总的老部下，他们对改变运载火箭大发动机的研制定点也只好默认了。

实践是检验真理的唯一标准。这种三级均为常规推进剂发动机的"长征四号甲"运载火箭，创造了首枚发射成功的佳绩，1988年9月7日、1990年9月3日，分别将"风云一号"第一、二颗卫星准确送入预定的极地轨道。在"长征四号甲"一、二级的基础上，经改进研制成功了"长征二号丁"运载火箭；在"长征四号甲"的基础上经改进研制，衍生出了"长征四号乙"和"长征四号丙"运载火箭,形成了"长征四号甲"系列运载火箭。

值得一提的是,1992年8月9日和1996年10月20日"长征二号丁"的两次发射,当时中国运载火箭的发射连续遭到挫折或失败,形势异常严峻,外国航天界甚至发出"中国航天怎么了?"的惊呼,两次都是"长征二号丁"挺身而出,应对颓势,顶住压力,扭转乾坤,获得了成功。"长征二号丁"功不可没。

任新民始终牢记着他在讨论"长征四号甲"是否下马时所说的关于"长征四号甲"一定能研制成功的承诺,并以此为动力,对"长征四号甲"及后续的运载火箭的研制,都付出了更多的艰辛和心血,对火箭的研制和发射成功做出了重要贡献。

许多航天人都还清楚地记得1988年9月在太原卫星发射中心发射第一颗"风云一号"气象卫星的日日夜夜。任新民作为"风云一号"气象卫星工程的总设计师,一如既往地在运载火箭、卫星和参试人员进场后,进入发射场,同广大参试人员并肩战斗,全过程地掌握测试、检查和发射情况。"长征四号甲""风云一号"及其发射场、测控通信系统等,都是第一次,暴露的问题和遇到的难题相对比较多,测试检查工作进行得十分艰苦、紧张。他凭借长期积累的测试检查经验,凭借他对情况的了如指掌,组织解决了一系列难题,排除了多个疑点和隐患。

测试检查中难免出现这样或那样的问题,有的属于还没认识到的问题,有的是考虑不周而出现的漏洞,也有的属于工作上的疏忽。在那段时间里,任新民的火气着实有些大,也很着急。眼看着发射场的天气越来越冷,发射窗口不等人呀!了解

任新民（左三）在太原卫星发射中心测试现场指挥发射

内情的人知晓，对"长征四号甲"任新民心里有一个没立军令状的军令状，不能有半点闪失。他对出现的大小问题都追问个水落石出，也时而视问题的性质对当事人进行批评，尽管批评得很严厉，但批评得有理有据，让被批评者口服心服。更可贵的是，他批评过后似乎一下子全忘了，反而与被批评者熟悉了，甚至交上了朋友。所以，工作紧张而繁忙的科技人员，有时觉得挨任老总一顿"训"，反而是一种享受，既增长了知识，又可以换换氛围、换换脑筋、提提神，也是一种休息，有时在情急中还会被刺激出新思路、新办法。

此时的任老总早已年逾古稀，在吃住等方面给他些照顾也是理所当然、无可非议的，但他坚持和试验队同吃、同住，谢绝任何照顾。因为他牙不好,有时试验队的厨师想给他做碗面条,他都不肯,理由很简单,不要麻烦人家。他从不搞特殊,也不允许别人为他搞点特殊。谁给他搞特殊,他就对谁发脾气,久而久之,和大家打成一片也就成为常态了。

任新民在酒泉卫星发射中心

他像年富力强的科技人员一样，在发射场区各厂房东奔西跑，在发射塔架上爬上爬下，从早忙到晚，真有一股豁出这条老命的拼搏劲。有一天，在发射塔架仪器舱所在的平台上，细心而负责的随队医生，一眼就搜寻到了任老总。这位可亲可敬的老人有些消瘦，从其布满血丝的双眼中可以看出他的疲惫和焦躁。医生请他量血压，他就是不肯量。在医生再三地劝说和恳求下，他只好让医生给他听了心脏、量了血压。看到血压计上显示的数字，医生惊呆了，可又不敢立即告诉他，只是连声说："略高一点儿，您需要回宿舍休息，休息！"他当然不肯。医生说："任老总，请您休息既有利于您的身体和工作，也是我的职责！"一提到职责，他反应很快，立即半开玩笑地回敬道："你有你的职责，你的职责是让我休息；我有我的职责，我的职责不能让我休息。你没有看现在都啥时候了？"弄得医生无话可说。由于他的坚持，直到在塔架上的测试工作结束后，他才回到试验队的宿舍。事后，医生在他的血压基本正常时才道出了"天机"："任老总那天在塔架上的血压已冲出了血压计的量程，而且心动过速。我又不敢直说，怕一紧张一下子出问题。"任老总听后若无其事地淡淡一笑："没事的，我的血压是神经性的，紧张劲儿一过就正常了。"

发射"风云一号"试验气象卫星的试验队是由上海航天局组织的，他们同北京的部机关、发射部队都不很熟悉。任新民这位工程总师不仅要肩负技术指挥员的重担，还要兼管一些行政指挥的工作，他从不推脱和避嫌。发射场区的文化生活是很单调的，有时放一放电影。开始时，航天试验队的人员都跟部队家属一样，走电影院的旁门，像散兵游勇一样靠边坐。任新民得知后，立即让秘书请太原卫星发射中心的沈椿年司令到他的宿舍来。沈司令原是哈军工二系二期的学员，沈椿年在校时，任新民正任哈军工二系教育副主任。沈司令一听老师找他，放下其他工作火速赶到任老总的驻地，寒暄后任新民开门见山地说："航天试验队是有组织来执行任务的，也是你辖下的准军事单位，看电影时也可以整队入场，集中划一块地方。"沈司令一听就明白了，马上回应道："是我失职，我马上告诉军务部门，你们是我们请都请不来的贵客。"尔后，航天试验队都是列队进入电影院，并一律着工作服。任老总真是用心良苦，意在让试验队振作精神，像一支能打硬仗的队伍。

经过两个多月精心的测试检查，发射第一颗"风云一号"试验气象卫星的日子终于来到了。1988年9月7日，首枚"长征四号甲"运载火箭满载着千万人的心血和汗水，不负众望地将第一颗"风云一号"试验气象卫星准确地送入了预定轨道。人们欢呼雀跃，庆祝"长征四号甲"首发成功。任新民长出了一口气，一块石头总算落了地，当初对"长征四号甲"的承诺总算兑现了。

"风云一号01"星是中国的第一颗试验气象卫星，称得上中国人的新的天之骄子，是我国卫星气象事业的启蒙之作。这颗卫星向地面发送了气象云图资料及大量的遥感数据。发送回来的气象云图照片图像清晰，纹理清楚，层次丰富。地面接收的图像质量已接近美国第三代业务应用气象卫星图像的质量。当时在北京正召开亚太地区气象会议，与会代表在中国国家气象局气象卫星资料处理中心，观看到"风云一号"卫星发回来的气象云图，都赞不绝口。

遗憾的是，第一颗"风云一号"卫星只在轨正常运行了39天，由于姿态控制系统的一个单机故障，使姿态控制系统出现异常，致使卫星翻滚而不能继续正常发送气象云图，未能达到设计的寿命要求。任新民和"风云一号"卫星的研制人员进行了紧张的在轨抢救和排除故障工作，为医好第一颗"风云一号"而忙碌了十多个日夜，但最终未能挽救过来。

随后，他组织和部署了第一颗"风云一号"的故障分析工作和第二颗"风云一号"改进方案的制订工作。经过艰难而反复的分析、研究和论证，并进行了大量的试验，查明了产生故障的部位及故障的原因和机理。还对第一次发射中的其他问题和薄弱环节进行了分析。据此，采取了有针对性的和综合治理性的措施，开始了第二颗"风云一号"卫星的研制工作。

经过连续而紧张的研制和发射场的测试检查，1990年9月3日，第二枚"长征四号甲"又英姿勃勃地将第二颗"风云一号"卫星准确地送入了预定的极地轨道，并成功地搭载发射了"大气一号甲"、"大气一号乙"两颗气象卫星。10月6日至10月25日，国家气象局气象卫星中心组织对第二颗"风云一号"卫星的在轨测试。测试结果表明，卫星的在轨姿态、五通道可见光系统、红外扫描辐射计、图像传输通道、双频测轨通道、星载磁带记录器、星地时间比对、卫星在轨控制功能、图像质量等，均满足或优于使用任务书的要求，其高分辨率图像的星下点分辨率达到1.1千米的设计指标，延时记录的合成图像分辨率也达到4千米的设计指标。

1990年9月22日至10月7日，第十一届亚运会在北京召开，第二颗"风云一号"卫星所获得的气象资料为亚运会的气象预报做出了突出贡献。第二颗"风云一号"卫星还为1990年10月5日发射的改进型返回式遥感卫星和我国1990年开始的第七次南极科学考察等，提供了有效的气象保障，效果显著。对卫星探测到的遥感资料经过加工处理后，生成了多种产品，通过多种途径提供给各用户，在气象预报、积雪监测、冰情服务、水体监测和环境监测等方面得到了实际应用，取得了良好的效益。

可惜第二颗"风云一号"卫星只正常工作了5个多月，1991年2月14日除夕之夜，当卫星飞经南大西洋地磁异常区后飞回到我国上空时，发现卫星已处在快速翻滚的异常状态。闻讯后，任新民带领有关人员火速赶往西安卫星测控中心，在极其困难的情况下，同"风云一号"卫星试验队的科技人员，在卫星测控中心的全力协同与配合下，群策群力、艰苦工作，及时制定了一套有效抢救卫星的技术方案，经过两个半月的实施后，终于使第二颗"风云一号"卫星重新对地定向，恢复了正常工作。能使一颗气源耗尽高速旋转的卫星重新恢复三轴稳定对地定向的姿态，在国内是首次，在国外成功的例子也不多。

这颗"风云一号"卫星的星载计算机在太阳强辐照作用下

产生了故障，这是过去还没认识到的新的问题，这颗星正常运行165天，断断续续累计工作了285天，仍未达到设计要求。

改进"风云"

"风云一号"第一、二颗卫星的发射任务完成后，任新民又开始进入到思索和自责之中："长征四号甲"算是响当当地圆满完成了任务。可"风云一号"虽然是试验气象卫星，没达到设计要求就算没圆满完成任务，在轨工作不那么干净利落……难道我国极地轨道的气象卫星就画这么一个圆不圆、扁不扁的句号吗？！实在是令人不甘心。任新民根据"风云一号"两颗卫星的试验与运行情况，又考虑到国家气象部门对极地轨道气象卫星的需求，形成了要研制改进型"风云一号"气象卫星的概念，并构思了改进型"风云一号"的总体技术方案设想，他认准了的事就一定不遗余力地去干，而且一定要干成。任新民像着了迷似地组织"风云一号"设计师系统及部机关的有关人员，进行总体技术方案论证、经费预算和计划进度安排。他亲自出马，带领有关人员向国家气象局、国防科工委、国家计委和国务院有关领导汇报。经过多方奔走呐喊改进型的"风云一号"（"风云一号02"批，亦称"风云一号03"、"风云一号04"星）终于获得了立项。真是精诚所至，金石为开。

公关难、立项难，技术上的攻关更难。任新民仍担任"风云一号02"批极轨气象卫星工程的总设计师。虽早已过古稀之年，但他仍精力充沛、思维敏捷地领导和主持着整个工程的研制与发射工作。1990年12月，在任新民、孙敬良（"风云一号"卫星气象工程副总设计师兼"长征四号甲"总设计师）、钮寅生（"风云一号"气象卫星地面应用系统总指挥兼总设计师）等的沟通、协调下，国家气象局会同总参谋部、国家海洋局、中国科学院、航空航天部等，联合向国务院、中央军委报送了《关于继续发展"风云一号"气象卫星的请示》，主要内容有四个方面："风云一号01"批两颗星的情况和应用效益，"风云一号02"批的使用目的，"风云一号02"批的技术方案要点，"风云一号02"批的进度计划与经费预算等。1991年4月5日，国务院副总理邹家华听取了航空航天部和国家气象局关于"风云一号02"批气象卫星的汇报。邹家华在会上做了重要讲话，指出气象卫星要继续发展，要有一个全面规划。1992年7月，国家计委、财政部、国防科工委向国务院、中央军委报送了《关于解决我国气象卫星经费问题的请示》，1992年9月9日，李鹏总理和中央军委杨尚昆副主席予以批准。

1993年5月20日，国家气象局与中国航天工业总公司签署了《"风云一号02"批气象卫星及运载火箭研制生产技术经济合同》，"风云一号02"批气象卫星及运载火箭的研制工作全面展开。

任新民将他向国家争取立项时的承诺既作为压力，又作为动力。他不止一次地向有关的研制人员讲："我们不能食言，当初立项时我们讲的技术指标、经费预算和进度计划，就是我们工作的目标，我们要说话算数！"以此激励和鞭策自己和广大的研制人员。

"风云一号02"批虽被称为"风云一号"的改进型，但使用要求上有很大提高，设计方案上也有很大的改进，实际上是一个新研制的型号，技术难度和技术跨度都是很大的。

发射"风云一号02"批的运载火箭也在"长征四号甲"的基础上，在保证稳妥可靠的前提下，大胆地采用了多项新技术。后又在"长征四号甲"的基础上改型研制了"长征四号乙"。"长征四号乙"可靠性高、发射卫星的入轨精度高、性能价格比合理、适应性强，尤其是能在国内三个卫星发射中心（酒泉、西昌、太原）发射多种用途的卫星。

任新民同这一工程五大系统（"风云一号"卫星、"长征四号乙"运载火箭、发射场、测控通信、地面应用）参研、参试人员拼搏创新、埋头苦干、刻苦攻关，研制工作顺利进行。特别是"风云一号"卫星的研制人员认真总结经验教训，深刻反思"01批"卫星工作中的失误和不足，不断查找产品的薄弱环节并认真加以改进。从成功和挫折失败中深刻地认识到：卫星研制必须以长寿命、高可靠性为目标，将卫星的质量与可靠性作为一个重要的性能指标；在设计中要充分分析影响卫星质量与可靠性的各种要素，找出薄弱环节，采取各种可靠性设计手段，有效地提高卫星各分系统和单机设备的质量与可靠性，尤其应注意提高接口的质量与可靠性，消除关键部位单点失效故障的发生；要重点对元器件质量、防环境污染、抗空间粒子辐照效应、电磁兼容性等，采取有效措施；要进行充分的地面验证试验和可靠性增长试验；

实行全面、全过程的质量控制与监督。

1999年5月10日,在太原卫星发射中心,第一枚"长征四号乙"运载火箭托载着第一颗改进型的"风云一号"气象卫星("风云一号03"星)和"实践五号"科学试验卫星呼啸而起,将这两颗卫星准确地送入各自的预定轨道;2002年5月15日,第二枚"长征四号乙"运载火箭再显神威,又将"风云一号04"星和我国第一颗海洋探测卫星"海洋一号"准确地送入各自的预定轨道。经过在轨测试和使用证明,"风云一号03"星、"风云一号04"星这两颗业务气象卫星,技术性能良好,均达到并超过了设计要求。实现了每天定时两次向世界各地气象台站实时发送10个通道1.1千米高分辨率的数字化云图;记录存储全球国外地区4个通道4千米分辨率的数字化云图,延时回放给我国的地面站。

正是由于改进型的"风云一号"卫星在轨运行的稳定性和提供信息数据的准确性,世界气象组织于2000年8月正式将"风云一号03"星列入世界极轨业务气象卫星的系列,后来发射的"风云一号04"星也被列入了这个系列,为世界各国免费提供气象资料,极大地提高了我国航天的声誉和影响。

遥感总师

早在1966年年初,我国第一颗人造地球卫星"东方红一号"的研制工作正在紧张进行时,即已开始我国第一种返回式遥感卫星的方案论证工作。

在返回式遥感卫星的研制中，除解决一般常规的技术问题外，还必须突破一些技术难关。这些技术难关是：调姿关、制动关、防热关、软着陆关、标位及寻找关等。

1970年4月24日，中国成功发射第一颗"东方红一号"人造地球卫星后，任新民被调入七机部机关，任科研生产组副组长，负责航天型号研制等科研生产工作。从这时起，他即开始参加返回式遥感卫星的有关研制及管理工作。

1974年11月5日，进行了我国第一颗返回式遥感卫星的发射。但由于"长征二号"运载火箭俯仰回路中的速率陀螺至放大器的导线在距离速率陀螺690毫米处有暗伤，在飞行振动条件下发生断路，使姿态速率控制失去作用，致使稳定系统俯仰通道失稳。为山九仞，功亏一篑。这即是航天史上一线之失，造成严重后果的实例。这次发射失败后，中央军委副主席叶剑英立即做出明确指示："失败是成功之母，不要颓丧，要继续奋斗，再接再厉，一定要达到目的为止。"全体研制人员按着叶副主席的指示，吃一堑，长一智，开始了第二枚"长征二号"和第二颗返回式遥感卫星的研制工作。

时值张爱萍第一次复出，任国防科委主任，大力开展整顿之时，1975年6月30日，任新民被中央任命为七机部副部长、党委核心小组成员，分管航天型号科研生产工作。第二枚"长征二号"于1975年7月开始总装，他陪同张爱萍主任到总装车间视察，聆听了张爱萍主任的要求：进一步把工作做细，不要急于求成；凡是一切能在地面发现的问题一定要发现，一切能解决的问题一定要解决；不带问题上天，做到一次成功，一鸣翔天。1975年8月20日，国防科委、七机部领导听取了关于即将出厂的返回式遥感卫星及"长征二号"运载火箭质量情况的汇报。经过再次质量复查后，10月16日，返回式遥感卫星和"长征二号"运载火箭运抵酒泉卫星发射中心，开始检查测试工作。

张爱萍主任在大抓整顿之时，大抓航天型号的研制发射。为加强第二颗返回式遥感卫星发射现场的组织指挥，国防科委任命国防科委副主任马捷为总指挥、任新民为副总指挥，直接领导和组织了第二颗返回式遥感卫星的检查、测试和发射工作。

中央军委对这颗返回式遥感卫星的发射，明确地提出了"送上去，收回来"的要求，特别是第一次发射失败，对这次发射更不能有任何懈怠。11月15日，完成了技术阵地的检查测试，星、箭转往发射阵地。在众人的期盼与瞩目下，1975年11月26日11时30分，挺立在发射台上的"长征二号"运载火箭托载着返回式遥感卫星拔地而起，按预定程序将卫星送入了预定轨道，轨道近地点高度为173千米，远地点高度为483千米，轨道倾角63度，入轨精度达到了设计要求。

卫星在轨运行三天三夜，各系统工作正常，完成了对预定区域的遥感任务。11月29日上午11时许，卫星返回舱按预定程序按时回收，取得了成功。这是任新民在我国第一种返回式遥感卫星领域留下的足迹。

斗转星移，光阴荏苒，转瞬间十多年过去了。1984年4月，我国战略核导弹和航天技术在20世纪80年代前期的三项重点工程任务完成后，一批新的大型航天工程陆续立项。任新民虽已年逾古稀，但国防科工委和航天部的领导，综合地考虑了大型航天系统工程的特点和研制工作的需要，权衡了新老科技领导交接等具体问题，并根据他的身体状况，又对他委以了新的重任。

"331"工程研制发射任务完成后，任新民可以说是功成名就，按常理讲，他可以放心回家颐养天年了。但这位生命不息、奋斗不止的老专家，在组织征求他的意见时，他只是说："听从组织安排，你们定。"在一段时间内，他几乎是同时担任七项大型航天型号工程的总设计师和一项大型航天系统工程的总技术顾问。这些工程是：试验卫星通信工程（"331"工程）、实用卫星通信工程（"331甲"工程）、"风云一号"试验气象卫星工程、改进型"风云一号"气象卫星工程、改进型返回式遥感卫星工程、新型返回式遥感卫星工程、发射外国卫星工程（"867"工程）等。担任总技术顾问的工程为"东方红三号"卫星通信工程。这些大型航天型号工程研制工作的强度和技术难度都是很大的。

任老总老当益壮，而且要当就当一个名副其实的工程总师。在1987年9月9日至1996年10月20日间，我国相继发射了5颗改进型返回式遥感卫星（又称返回式卫星二号）和3颗新型返回式遥感卫星（又称返回式卫星三号）。那几年，在任新民担任总设计师的几项工程中，包括"长征四号甲"发射"风云一号"卫星、"长征三号"发射"东方红二号甲"卫星、"长征三号"发射外

任新民(右二)在基层调研考察

国卫星以及改进型和新型返回式遥感卫星的发射等,次数比较多,有时西昌、酒泉、太原三个卫星发射中心都有发射任务,他确实很忙碌,奔波于三个发射中心和西安卫星测控中心之间。在安排行程时,有人建议任老总,某某工程在技术厂房的测试很正常,没有需要总师协调的重大问题,他可以晚些时间去。任新民的回答是:"要去就早去,从头到尾参加测试检查,和大家一起研究问题、解决问题。不能临到发射了,去当参观团团员,非但不能帮助人家解决问题、决策问题,还得让人家给你汇报、介绍情况,反倒耽误人家的时间,影响人家工作,还不如不去。"他还强调说:"工程总师责任在身,不到现场就是失职。"

值得记述的是1996年10月20日发射的新型返回式遥感卫星。

在此之前，几次重要的卫星发射相继失败，形势异常严峻，确实到了失败不起的时刻。1996年8月，任新民担任工程总师的新型返回式遥感卫星由"长征二号丁"运载火箭运往发射场进行发射，一定意义上讲，这次发射具有扭转前期被动局面的意义。任新民和广大的参研、参试人员没有丝毫懈怠，进行紧张的检查测试工作。就在发射阵地进行加注推进剂前的最后一次功能检查时，"长征二号丁"运载火箭控制系统的变换放大器却出现了故障，根据设计师系统各层设计人员的意见，任新民拍板："更换备份的变换放大器后，再次进行功能检查，如正常，即可按发射程序进行发射。"可在北京的中国航天工业总公司领导却要求确定故障的具体部位及故障机理。北京和酒泉发射现场的意见大相径庭，相持不下。两种意见的出发点和目标都

1999年在酒泉"神舟一号"试验飞船发射现场。左起：庄逢甘、梁思礼、谢光选、任新民、崔国良

任新民（左一）与张爱萍（中）、张敏（右一）在西昌发射基地

是一致的，那就是保证发射成功，推进航天事业的发展。任新民的可贵之处是在关键时刻挺身而出，铿锵而坚定地表示："现在火箭与卫星已竖在发射塔架上，推迟一天发射就减少一块遥感区域，其损失都是上百万元。我们的备份仪器是干什么的，就是干这个用的。"他还郑重地表示，更换变换放大器测试正常就发射，如果出问题他负全责。最后领导决定还是要查清故障的部位及机理。任新民虽保留个人意见，但还是按着下级服从上级的组织原则，全力以赴地投入到了故障分析及后续的测试检查工作中。总算比较顺利地查出故障是由变换放大器的一个三极管管脚锈蚀所致。这颗新型返回式遥感卫星原计划在10月初发射，在推迟近20天后，于1996年10月20日发射成功，也完成了扭转"乾坤"的重任。事后，有的科技人员讲：折腾一通，还不是换了变换放大器就发射成功了，白白浪费20天时间。任新民听后制止说："对错不要再讲了，发射成功了比什么都重要。"

商业发射

1984年4月8日,"长征三号"成功发射"东方红二号"卫星后,任新民就开始酝酿中国运载火箭承揽国际商业发射服务的问题,并积极地向有关领导和国家机关宣传,以期中国航天获得新的更大的发展。1986年2月1日,我国成功地发射了第一颗实用通信卫星"东方红二号甲",并成功定点、投入运行使用。他回到北京后,针对我国要购买外国通信卫星,而且要用法国的阿里安运载火箭发射的情况,向中央有关领导呈交了《关于发展我国通信广播卫星事业的建议》,其中明确地提出,中国的运载火箭不仅能够发射自己研制的通信卫星,还可以承揽外国卫星的发射服务。

"长征三号"幸运地迎来了发射"亚洲一号"通信卫星的商机。1984年2月3日美国航天飞机挑战者号发射"西联星6号",发射失败。1984年11月12日,"西联星6号"被航天飞机"发现号"取了回来,经过返修更改,最后被亚洲卫星公司购买并命名为"亚洲一号"通信卫星。

1985年10月,航天工业部经中央批准,正式宣布中国运载火箭进入国际商业发射服务市场,并提出了恰如其分的明确方针,即中国的运载火箭利用发射国内卫星的剩余力量投入国际商业发射服务。中国无意也无能力参与国际商业发射服务市场的竞争,只作为国际商业发射服务市场的补充,为用户提供一种选择。也许是历史的巧合,1986年1月28日,美国"挑战者号"航天飞机失事，国际发射服务市场重新大量使用一次性运载火箭。也恰逢此时，1986年5月30日，法国阿里安火箭发射"国际通信卫星V"失败；美国一些一次性使用的运载火箭，如"大力神"、"德尔它"火箭等，也相继空中爆炸导致发射失败。1986年被国际航天界称为航天灾难年。一时间，世界上几乎所有的卫星厂家和用户都急得晕头转向，不知所措，天上运行的卫星寿命将尽，地上准备好的卫星排成队准备发射。就在这一片失败声中，我国"长征三号"火箭于1986年2月1日成功发射了实用通信卫星"东方红二号甲"，无疑提高了长征系列运载火箭的竞争力。

中国航天抓住了国际卫星发射服务市场对一次性运载火箭急切需求的契机，积极稳妥地进行了艰苦、细致、科学而诚信的商务和技术谈判，中国运载火箭的国际商业发射服务终于迎来了曙光，1989年完成了"长征三号"运载火箭发射"亚洲一号"卫星合同的签署。

1986年11月21日，国防科工委任命任新民为"867"工程（发射外国卫星工程）总设计师，他又开始致力于这一崭新、艰巨而又责任重大的领域。1990年2月4日刚进行完"长征三号"发射"东方红二号甲"的工作，2月5日，发射"亚洲一号"卫星的"长征三号"专列又向西昌进发，他只好拂去身上两个多月征战的浮尘，发扬连续作战的作风，开始和外国人打交道，执行"长征三号"发射"亚洲一号"通信卫星的合同。

工作人员正在西昌卫星发射中心进行紧张的检查、测试工作，新闻媒体相继传来令人震惊的消息。1990年2月22日，"阿里安"火箭为日本发射"超鸟B"通信卫星和"BS-ZX"直播电视卫星失败；2月28日，美国"亚特兰蒂斯号"航天飞机发射"KH-13"侦察卫星在空中爆炸；3月14日，美国"大力神3"火箭发射"国际通信卫星Ⅵ"失败。任新民一方面为欧洲、美国航天界的同行惋惜，一方面也给自己提出了警示。他深知执行这一发射合同的开拓意义。他对同事们说："欧洲人、美国人发射出了问题，我们没有三头六臂，也不是神仙，只能靠我们精心测试、精心操作，严上加严、细上加细、慎上加慎，要实实在在地不放过任何疑点和隐患，要真正做到不带问题和疑点上天。"

1990年4月7日，西昌卫星发射中心的天气一直纠缠着任老总。中午12点半又会商了一次天气，预报说18点后云量可减少，中低云，无雷电，只是下午可能有小阵雨。山区的天气变化无常，就在液氢加注完毕后，小雨竟变成了大雨。15点50分，电闪雷鸣，此时，任新民表情虽很镇定，但心里却是七上八下，焦急万分。他脑海里浮现出了美国的前车之鉴，1987年3月26日发射海军通信卫星时，发射前遇到了雷电天气，起飞后不到一分钟就遭雷击，浪涌电压破坏了控制制导计算机，导致星、箭俱毁。

由于种种原因，错过了当天晚上的第一个发射窗口，而此时距第二个窗口只有十多分钟的时间，也来不及了。任新民同有关领导商定，决定使用第三个窗口，即21时30分发射。20时40分，"50分钟准备"的口令准时下达。天公作美，这时发射场上空开始露出了一个小天井，能看到一些星星，这是天将放晴的迹象。任新民和同事们悬着的心开始放了下来，脸上"阴转晴"。

1990年4月7日21时30分,"长征三号"在其首次发射成功六周年的前夜,再现英姿,带着广大参研、参试人员的辛勤劳动和汗水,准确地将美国休斯公司制造的"亚洲一号"通信卫星送入地球同步转移轨道,圆满地完成了我国运载火箭商业发射服务的第一份合同,实现了我国运载火箭国际商业发射服务零的突破。

中国运载火箭成功发射美国制造的卫星,消息传开,神州大地沸腾了,海内外的中华儿女振奋了!昔日在美的华人朋友直接写信给任新民,倾诉他们激动而喜悦的心情:"我们做梦也没想到中国人能发射美国人制造的卫星!"祖国的强大使中华儿女感到由衷的骄傲与自豪。任新民也从内心迸发出少有的激动与感慨:"没想到我们发射了一颗美国制造的卫星会产生这么大的动静和国际影响。"他从心底里又一次深刻领悟了"航天科技产业是战略性产业,是一个国家综合国力和科技实力的重要标志之一"的深刻内涵。

尔后,他又领导和参加了"长征三号""长征三号甲""长征三号乙"等运载火箭多次发射外国卫星的任务,将"亚太一号"通信卫星、"亚太一号A"通信卫星、"菲律宾马部海"通信卫星、"亚太二号R"通信卫星等,准确地送入了预定的地球同步转移轨道。任新民凭借对事业的孜孜以求,用诚实执着的劳动,为中国运载火箭进入国际市场倾注了心血和汗水,为中国航天事业的兴旺发达,做出了一份重要的、不可或缺的贡献。他也从中收获了人生难得的成就感和欣慰感。

任新民在调研指导工作

又"顾"又"问"

试验卫星通信工程("331"工程)和实用卫星通信工程("331甲"工程)研制发射成功并投入运行使用后,任新民确实是功成名就。有的老熟人半开玩笑地说:"任老总,见好就收吧!航天这活儿风险太高,压力太大,难怪您有神经性高血压。再干,掉下来几颗就毁了您'常胜将军'的美名了。"他听后,笑了笑:"哪有'常胜将军'呀!干航天更没有。掉下来并不可怕,只要认真对待,总结经验教训,再干,再实践,一定会成功的。"他略微沉思了一下,自信而坚定地说:"至于个人,干不干,干什么,那要听从组织的安排。"1986年5月3日,国防科工委任命任新民为"东方红三号"卫星通信工程总技术顾问。他可不是顾得上就问,顾不上就不问,而是既"顾"又"问",是位名副其实的顾问。无论"长征三号甲"运载火箭,还是"东方红三号"卫星,凡是重大的技术会议和重要的试验,他都亲赴现场，和研制人员一起研究问题、讨论问题，详细了解和掌握研制情况。他还先后三次为这一工程亲赴西昌卫星发射中心：第一次是1994年2月8日，为考验"长征三号甲"运载火箭，发射"实践四号"科学试验卫星和"夸父一号"模拟卫星；第二次是1994年11月30日，"长征三号甲"发射第一颗"东方红三号"；第三次是1997年5月12日，"长征三号甲"发射第二颗"东方红三号"。在执行这三次发射任务中，他都像以往担任工程总师一样，自始至终坐镇西昌，虽然责任和压力不同，但他都是诚心诚意、全力以赴地协助中国航天工业总公司领导、工程总指挥和工程总设计师，参加领导和组织了这三次发射任务。

特别是，他利用自己之长协助一线领导解决一些难题，而博得同志们的赞颂。在"长征三号甲"运载火箭装哪个单位研制的箭上计算机问题上出现了分歧意见。经过反复地协调、讨论，最后领导决定装陕西临潼771所研制的箭上计算机，而不装控制系统研究所（12所）研制的箭上计算机。为此，12所的参试人员抵触情绪很大。任新民深知箭上计算机是控制系统中的一个重要设备，如协作不顺畅会影响到整个控制系统。他一如既往挺身而出，不避嫌，也不遇着矛盾绕着走。他直面矛盾，明确表示个人意见，认为计算机研制单位771所在箭上计算机研制方面有比较丰富的经验，特别在可靠性的保证上更有把握，应该优选771所的箭上计算机。他不仅表明意见，而且主动协助一线领导做工作。星期天一大早他就赶到12所参试人员的宿舍，12所的参试人员采取"回避"政策，门反锁着，都装作睡着了，他就硬敲门并自报姓名。这些老相识一听说任老总登门了,不好意思地开了门,可还有人用被子蒙着头装睡觉。他就一个个掀被子,半认真、半开玩笑,边劝解、边批评地同大家讲道理,苦口婆心地做工作,使大家的气逐渐顺了过来。最后他郑重地说了一段话:"我们还是要按共产党的规矩办,领导决定了的事情就得下级服从上级。可以保留个人意见,但在行动上不得有任何反对的表示。你们要和771所搞好协调工作,如果出了问题就要拿你们是问。"这些科技人员从"长征三号"研制起,已经和任老总打过十多年的交道了,彼此都很熟悉,他们,包括昔日号称"大炮""愣头青"的科技人员,都被任老总的一席话所感动,大家都纷纷表示:"任老总您放心,就凭您亲自爬上山来,凭您的一席话,我们也要把工作做好。"任老总笑着说:"我相信你们,意见归意见,干活归干活。"临别,大家出来送了他一段路程,目送这位耄耋老人健步地走远了。

第八章

磊落人生

自主自力

任新民崇尚"不唯书、不唯洋、不唯上、只唯实",并以此作为规范自己言行的座右铭。他经常对同事和下属讲:"科技人员判断问题,特别是技术问题的根据就是科学和实际。"他认为只凭外国人讲的或书本上记载的来处理和解决我们所遇到的技术问题,是远远不够的。他更憎恶那些看领导眼色、听领导口气、揣摩领导意图、根据领导好恶来说话和办事的人。他认为这种人最没骨气,最没出息。在讨论规划、计划和其他技术问题时,每当听到有人罗列一串外国人如何如何讲,书本上怎么怎么记载,而没有就我们自己的问题发表见解时,他总要带几分火气地劝解:"外国人讲的、书本上记载的,是要认真地进行学习与研究,从中得到有益的启迪与借鉴。但重要的是,我们必须结合中国和中国航天的实际,提出解决问题的办法。光讲外国人的、讲书本上的,甚至用外国人和书本压人,毫无道理。"他还郑重其事地说:"如果只凭外国人讲的和书本上的东西办事,那只需一些翻译和资料员就行了,还要我们这些科技人员干什么?!"

他还在一些场合宣传他对"不唯上"的理解:"不唯上,不是说领导的话都不听、不管,对于领导决定了的事情就要不打折扣地执行,个人的不同意见可以保留,但在行动上不得有任何反对的行为。问题的关键是,领导让你提出意见或对酝酿中的问题提出意见时,那你就要进行独立的思考、分析、判断,认认真真、实实在在地讲心里话,不能讲空话、套话,更不能跟着领导顺杆儿爬。只有这样才是对领导的真心尊重和爱护。"他还加重语气强调:"我们不是经常讲,科学家要有科学家的良知和良心嘛!这个良知和良心就是讲真话、讲实话、讲符合科学规律的话,顺杆儿爬会误人子弟!"

任新民对当年"以自力更生为主,力争外援和利用资本主义国家已有的科学成果"的建院方针,打心眼里拥护,认为非常符合当时的客观环境和中国的实际。经过几十年的实践,他对这一方针更有切身体会,他曾多次深有感触地说:"中国的导弹与航天事业之所以能够取得一些成绩,在世界航天科技工业领域取得了一些发言权,原因是多方面的:包括党和国家领导人决定干这件事，这是大的前提和基础；也包括全国各地区、各部门、各单位的大力协同、协作；包括广大航天工作者艰苦奋斗、创新攻关等。其中还有至关重要的一条，就是始终坚持了'自力更生，艰苦奋斗'的方针。"

在国家实行改革开放的方针后，任新民积极拥护，但同时也坚定地主张仍应坚持独立自主、自力更生的方针，主张要在改革开放环境下赋予这一方针新的内涵。他在国防科工委1989年编写的《回顾与展望》中，撰写了《顾既往，瞻前途——话我国航天事业》的论文，详尽地阐明了在新时期仍应坚持独立自主、自力更生的观点："我们要充分利用改革开放的有利条件，积极开展航天领域的国际交流与合作，千方百计地引进国外先进且实用的技术、设备和产品。但仍应坚持独立自主、自力更生的方针，把立足点放在依靠自己力量的基点上，时刻也不能忘记要建立中国自己的航天科技工业体系。"他在这篇论文中，高度地赞扬了聂荣臻元帅所论述的"尖端技术靠买是买不来的，买来了也掌握不了"的观点。他在文中还倾诉衷肠："中国人也要就业、挣钱，要穿衣、吃饭、住房。如果自己能干的，哪怕是暂时还不如外国人干得好的一些产品，都去买，而不去自己干，那我们的工人就要失业，中国也就成了外国人争夺的市场。"他在文中还动情地说："中国的导弹与航天技术要提高水平，保持发展势头，继续跻身世界先进水平的行列，吸引人、稳定人、培养人、锻炼人是头等重要的。如果没有研制任务，没有事情做，英雄无用武之地，怎么能吸引人才，稳定队伍呢？更谈不上培养人、锻炼人。实践出真知，长才干。不实践，只靠学几本书，看看资料，写写文章，是很难提高技术水平的。"

1985年下半年至1986年上半年，我国拟购买外国通信卫星，并用外国的运载火箭发射。一时间，在国内外搞得沸沸扬扬，大有木已成舟不可逆转之势。任新民当时正在西昌卫星发射中心，主持我国第一颗实用型通信卫星"东方红二号甲"的发射工作。但他一直关心着国家拟购买外国通信卫星这件事，他表面上不动声色，可内心却充满了焦虑。他在一次参试人员的动员会上道出了自己的心里话："现在国家要购买外国的通信卫星，并用外国的运载火箭发射，正紧锣密鼓地推进。如果我们这次发射不成功，或卫星发射上去工作不正常，那就是我们自己取消自己的发言权，人家要购买外国卫星，你也没话说。如果我们的'东方红二号甲'卫星发射成功，且正常投入运行和使用，那我们回北京后还可以说道说道，反映我们的意见。"他把话题拉回到发射现场的测试、检查工作，并提出了具体的部署与要求。最后，他强调指出："我们肩上的担子有多重，各位自己掂量吧！"

在西昌卫星发射中心，任新民带领广大参试人员全力以赴地进行"长征三号"运载火箭和"东方红二号甲"实用通信卫星的检查、测试工作。这枚火箭和这颗卫星毕竟是在第一批投产的基础上进行改进的，放置的时间也比较长，测试和检查中发现的问题比较多。但广大参试人员都带着为国产通信卫星争口气的干劲，精心测试，精心操作。1986年2月1日，在一定意义上讲，这是关系到我国卫星通信事业发展前途与命运的日子。第一颗"东方红二号甲"被成功地送入地球同步转移轨道，并按计划、按既定的程序定点和投入运行使用。

任新民回到北京后，得知我国不仅要购买外国的通信卫星，而且还与阿里安火箭公司签订了订购协议，交了预付金。他真是又急又气，急令秘书起草向中央写报告，并与部领导商量，准备以部党组名义转报。后来部领导同国家有关综合部门通气时，国家综合部门的领导提出，这件事中央已经批准了，再写报告，特别是以部党组名义写报告，恐怕不妥。当时航天部的领导向任新民转达了国家综合部门领导的意见。他听后真有些火冒三丈，当即表示："这种商业活动，在没签合同前都不算定。这种事事先不征求主管工业部门的意见是欠妥的。"并激动地说："没关系，部党组转报有难处，我以个人名义上报，一切后果由我个人负责。"随即令秘书重新拟写报告首页，并连夜打印装订成册。翌日，他将《关于发展我国通信广播卫星事业的建议》分送有关的国家领导人、有关的国家综合部门领导和有关的国家综合部门。

他直言进谏，坦诚地指出："就通信卫星技术而言，我们与世界上航天技术比较发达的国家是有差距，但我们正通过研制的实践，也只有通过研制的实践才能不断提高技术水平，只要努力登攀，总会赶上的。中国是一个发展中的大国，通信卫星的市场总不能全部、永远地让给外国人。即使是购买外国通信卫星，也得要技贸结合，在购买卫星的同时，引进通信卫星研制技术。就运载火箭技术而言，从总体上讲，中国的'长征三号'不比'阿里安'差，有些技术还超过了'阿里安'。中国研制的运载火箭不仅能够发射中国自己研制的通信卫星，发射中国购买的外国通信卫星，还可以承揽国际商业发射服务。"

中央领导对任新民的建议和意见非常重视，陆续做出批示，指示有关部门重新审议我国购买外国通信卫星及用"阿里安"火箭发射的事宜。1986年3月7日上午，国务院副总理李鹏主持召开了1986年度首次国家电子振兴领导小组会议，提出了依靠自己的力量，研制新一代通信广播卫星的意见。1986年3月31日，国务院正式下发文件，批准了航天部"新三星一箭一论证"的规划，其中包括当时称得上大容量的"东方红三号"通信广播卫星和"长征三号甲"运载火箭。后来又做出了中止购买外国通信卫星及"阿里安"火箭的订座协议。至此，造星和买星的争论画上了句号。

在20世纪80年代中后期，在研究、讨论"东方红三号"卫星的技术方案、引进项目时，争论异常激烈。例如，当时，卫星总体设计部坚持卫星的远地点发动机系统，包括发动机和表面张力贮箱，都买外国的。理由是国外的远地点发动机系统的质量与可靠性高，又省经费。任新民听取了上海航天局远地点发动机研制生产单位的汇报后，坚决支持自己研制，并据理力争："自己能干的，可以干得出来的，为什么非要到国外去买？！如果"东方红三号"卫星的主要仪器设备都买国外的，那叫什么研制卫星，只能说是装配卫星。买一套外国的远地点发动机系统可能比自己研制一套暂时要少花些钱，可你只是拿到一套远地点发动机系统，你自己还是不会制造，就会陷入无休止的购买。现在自己研制，可能多花些钱，然而我们拿到的不仅仅是一套远地点发动机系统的硬件产品，还能留下研制生产试验的设施设备，更为重要的是我们掌握了研制远地点发动机系统的技术，增强了我们的技术实力。研制的实践还会培养、锻炼我们的科技人员，也会增加我们的国内产值和提供就业机会。"正是由于任新民等的坚持和据理力争，终于说服了有关的领导和卫星总体设计部的有关人员，决定由上海航天局801所负责研制"东方红三号"卫星的远地点发动机系统。

结果，我们只使用了与购买一套远地点发动机系统所需经费相当的研制经费，就研制成功了卫星的远地点发动机系统。经过1994年11月30日和1997年5月12日两次发射"东方红三号"通信卫星的考验，自行研制的远地点发动机系统表现优异，圆满地完成了任务，其技术性能、质量与可靠性等，都超过卫星总体设计部提出的设计要求。

1978年7月和12月，在国家的统一部署与安排下，任新民亲任团长，国防科委马捷副主任任顾问，率中国宇航学会代表团分别访问了日本和美国。这是中国航天走向世界的破冰之访。

他从与国外航天界打交道中也悟出了两条重要的规律。

第一条，国际交流、合作、引进和购买，必须以自己的技术实力和水平为基础与前提，自己的实力与水平没达到一定的

1978年，以任新民（前排右）为团长、马捷（前排左）为顾问的中国宇航学会代表团赴美访问，受到热烈欢迎

1978年，任新民（右一）率团赴美访问

层次，对方是不会同你交流合作的，引进、购买也会刁难；反之，自己的技术实力与水平上去了，人家会主动找上门来。他清楚地记得，1978年，我国的氢氧发动机研制工作正处于起步阶段，他率代表团访问日本和美国时，很想参观和了解他们的氢氧发动机的研制情况及有关的设施设备情况，人家一句话就给回绝了："这是国家的技术秘密，谢绝参观。"而到了1984年夏天，我国三级为氢氧发动机的"长征三号"成功地发射了"东方红二号"试验通信卫星。这时日本人找上门来，由日本人发起，在日本召开有美国、欧洲航天局、中国参加的关于氢氧发动机的技术研讨会，任新民等应邀出席了会议，他在会上做了关于我国氢氧发动机研制情况的报告，博得与会者的高度赞赏。由此可见，自己的技术实力与水平是开展交流与合作的前提和基础。

第二条，世界上没有任何一个国家会将自己有价值而别人还没有掌握的新技术、新成果拱手相让的事。在研究和考虑一些引进和购买项目时，他直言不讳地讲："引进与购买是两个不同的概念，引进包括引进技术，要有具体可操作的消化、吸收、创新和国产化的措施与计划，而且要限期完成。"他还一针见血地指出："某某项目名为引进，实为购买。我们要防止被人家牵着鼻子走，造成连锁引进和购买，买了整机，再买分机，买工艺，买材料，甚至是世世代代无休止地购买，那中国就永远摆脱不了经济殖民地的处境。"

这两条规律已经纳入了他坚持独立自主、自力更生原则的思想体系。所以，任新民在新时期坚决拥护党中央提出的"加强自主创新，建立创新型国家"的战略部署。在任新民看来，交流、合作、引进、购买与坚持独立自主、自力更生的原则并不矛盾，处理得好，恰是坚持独立自主、自力更生方针的补充。他认为这是党中央在新时期坚持独立自主、自力更生的方针，建设有中国特色社会主义的具体体现。

淡泊执着

任新民在20世纪80年代中后期的一段时间里，经常讲一段话："什么名呀、利呀，一死了之。工人盖的房子老百姓能住，农民种地打的粮食解决大家的吃饭问题，这些都是实实在在的贡献。我们研制的导弹、运载火箭、应用卫星，国家能派上用场，这就心满意足了。"他还自我排解道："我们所说的、所做的，到底对不对，做得怎么样，只能是任凭后人去评说。再过50年、100年，我们都不在了，人家说什么，功过是非如何，我也不知道了。"这可能在试验卫星通信工程大事告成后，发自内心的感悟；也可能是他从副部长的领导岗位上退下来后，激励自己的肺腑之言；或兼而有之。这确实是他发自内心的朴实的人生哲理，正是有了这样的原动力，鞭策他一生执着而勤奋地追逐科学与事业，以此报效祖国和人民。

有人讲："没有鲜明的个性，没有超常的专注劲，成不了'大家'。"这句话似乎有些道理，对照任新民也有几分贴切。他的专注劲是出了名的，而且专注的很有方向性。他的夫人说他"一根筋""一个心眼儿",恐怕不过分。有时为了一个数据、一份文件、一本资料的查找或核对有关内容,他竟弄到深夜一两点;或者在半夜将秘书及有关人员叫到办公室,非弄个水落石出不可。否则,他会寝食不安。然而,他对生活上的事,包括衣、食、住、行、钱、物,甚至儿女的婚事等,他是全权委托给夫人,自己无暇顾及。

有人问过他的老母亲:"任副部长年轻时,孩子们都小,加上任赤兵,一共五个孩子,他也不管吗?"他母亲讲:"新民呀,真是家里油瓶子倒了,他都不扶,回家就干他的事,看他的书。好在那时我和他岳母身体都还好,一起帮着料理家务。"

还有一次,家里搬家,那时没有搬家公司,全靠自己家里人和同志们帮忙,家里弄得乱七八糟,他的一本很多年前的英文书不见了,夫人也丢了一个柜子的钥匙。老两口不吃不睡,东翻西翻,闷头找。任新民不管别的东西,只顾找他的书,家里更是乱上添乱。夫人又急又气地埋怨他:"你那几十年前的一本旧书,今天找不到就算了,丢不了,慢慢找吧!"可他根本不予理睬,照样一个劲地翻箱倒柜,还振振有词地反驳道:"钥匙找不到,把锁砸下来换把新的就是了!这书可是买不到的。"一席话让夫人哭笑不得。老两口谁也说服不了谁,只好各找各的,一直折腾到深夜,两位老人各自都得到了满意的结果,才收场。

任新民的执着、忘我,一心扑在工作上的事例更是不胜枚举。1976年唐山大地震后,北京的防震和抗震也搞得异常紧张,

任新民夫妇陪母亲过春节

任新民与夫人在武夷山

人们都住进了防震棚，规定不许进办公楼，以防发生余震。可时任七机部副部长的任新民却"违反"规定。在晚上十点钟时，巡逻人员发现办公楼三层还有亮灯的房间，敲开门一看，原来是任副部长在照常办公。当巡逻人员劝他离开办公楼时，他抬起头，捏了捏僵硬的脖颈，布满血丝的眼睛露出笑意，连忙答应"好，好，好"，却不动身，还满不在乎地说："没那么严重。"巡逻人员也无可奈何。至于白天，他按时上班，把门反锁，藏在房间里查阅技术资料，处理文件，外边的人谁也不知道。可没有不透风的墙，"天机"也会泄露。任新民的办公室对面是内勤班办公室，内勤班的班长一次去办公室取东西，听到对面任副部长的办公室有动静。她想探个究竟，就打了壶开水，用内勤班的钥匙从外面打开了任新民办公室的门，只见任新民正在聚精会神地查阅资料。门冷不防地开了，倒把任新民吓了一跳。他见是熟悉的面孔给他放了一暖瓶开水，下意识说了声"谢谢！"接着又旁若无人地看起书来。内勤班班长望着这位慈祥的老人，由衷地敬佩。这位班长退休后还经常谈及地震时的往事，她感慨地说："任副部长那可是个好老头儿，话语不多，还没架子，是位干工作不要命的主儿。"

还有一次，那是1983年5月25日，"长征三号"三级进行第一次全系统试车，仪器舱部位着火，实施了紧急关机。随之消防设施自动接通，喷水灭火。当时警报还未解除，消防设施也没有停止喷水。但任新民全然不顾，立刻跑到试车台上查看现场，试图找到起火点的确切位置，查明故障原因。现场的保卫人员劝阻他："任老总，发动机还未完全冷却下来，还有爆炸的危险！"任新民知道发动机已工作1048秒，所剩液氢液氧很少了，不可能发生爆炸。他急于找到着火点，所以，全然不顾浓烟和淋水，第一时间爬上了试车台，全身都被淋湿了。经过现场观察和分析讨论，断定是由于氢氧隔离腔积存固态氧而引起爆燃，导致氢排气管三通断裂，引起仪器舱部位着火。采取有针对性的改进措施后，1983年8月14日，进行了"长征三号"三级第二次全系统试车，参数稳定，试车取得成功。

几十年来，在多种航天型号飞行试验和发动机试车等大型试验现场，任新民置个人安危于不顾的例子还很多。有一次为解决"长征三号"纵向耦合振动问题（POGO），在上海航天局7013厂所进行的发动机试车中，他冒着偏二甲肼、四氧化二氮的团团浓烟和令人作呕的鱼腥味，跑到试车台前察看，旨在亲眼看到试验的情况。一位与他非常熟悉又很崇敬他的老操作手劝他："任总，现在不能上去，偏二甲肼对肝的伤害太大，还是等浓烟消散再上去吧！"他却不以为然地笑笑，风趣地说："试验前不是吃了一片解毒药嘛！不吸点偏二甲肼中和中和，解毒药还有副作用呢！"他仍是"我行我素"地走了上去，看个究竟。

求真务实

熟悉任新民或与其共过事的人，都会发现他有一个非常突出的特点，那就是求"实"。他以朴实的态度长期扎根于科研生产试验中，从中悟出了"实"的真谛，那就是务实、求实、实干，并尝到了"实"的甜头。2012年，他已97岁高龄，当来访者问他："您对航天传统精神、'两弹一星'精神、载人航天精神，体会最深的、您认为精髓是什么？"他脱口而出："实践！"当时他的大女儿半开玩笑地说："人家北京精神还八个字呢！航天传统精神和'两弹一星'精神都是24个字，你怎么就来两个字呀！"他笑着说："那好，我来七个字，实践、实践、再实践。"他又接着解释说："无论是热爱祖国、无私奉献，还是自力更生、艰苦奋斗，也包括大力协同、严谨务实、勇于登攀等，要用这些精神来指导实践，又要在实践中得到体现。这些精神是在实践中不断孕育、形成、培养和总结出来的。"他也曾颇有体会地说："我们是搞工程的，属于应用技术的范畴，必须深入实际，

任新民题词

深入科研生产第一线，在实践中掌握第一手的资料，去现场分析问题，解决问题，才能不断增加知识，积累经验。"他还多次强调："从事工程研制的科技人员，包括我自己在内，即使是再有造诣的专家，不深入实际就会退化，就会'耳聋眼花'。三年不接触实际，在型号工程研制方面，就会基本上无发言权。"正因如此，他年逾九旬时，仍乐此不疲地奔波在科研生产第一线，身体情况实在不允许时，他就将航天型号工程的总指挥和总设计师请到家里来，听取情况介绍，和他们一起讨论研究问题。

从中国运载火箭技术的发展来看，已经形成了"长征二号"系列、"长征三号"与"长征三号甲"系列、"长征四号"系列的运载火箭，并将形成"长征五号"系列运载火箭。任新民亲历了这四大系列运载火箭的研制和形成过程，贡献卓著、功不可没。这一路走来，无论遇到什么问题和难关他靠实事求是，一切从实际出发的科学态度始终如一，从未动摇过。他力主及早开展大推力液氧煤油发动机和大推力氢氧发动机的研制，在耄耋之年还亲自向有关领导和国家综合部门汇报，促成了大运载火箭的立项。

在航天型号工程研制过程中，有时为了一个问题，包括一个现象、一个数据、一个部件能不能加工和如何加工等，持不同意见的人争来吵去，有时还吵得面红耳赤，领导也实在难以定夺。任新民历来都是老办法，到现场察看，和第一线的科技人员、工人一起研究与商量，五分钟就可以解决吵两个小时都无法解决的问题。他也常半开玩笑、半认真地提醒说："有些事

第八章　磊落人生

在酒泉卫星发射中心

在西昌卫星发射中心

工程现场开心一刻

情不能只听下边讲,他想干的可以说出七八条理由,不想干的也可以找出七八条道理。当然,也不是欺骗你,都是存在决定意识嘛!各自都有各自看问题的角度和立场。可你一到现场,实地看一看,和基层的科技人员、工人谈一谈,便会恍然大悟,一目了然,问题迎刃而解。"所以,他至今还反复宣传:"设计人员、工艺人员、生产工人三结合是个好办法,即使是科学技术和技术手段再发展,这一条也是行之有效和应该坚持的。"

任新民通过几十年的实践和磨炼总结出了两条经验。

第一条,一个型号工程的总设计师应建立起自己的技术联络网络。这就是俗话说的"一个篱笆三个桩,一个好汉三个帮"。他经常讲:"再强的总师,他也不可能精通一个型号工程所有分系统的各类专业技术,必须建立总师的各专业技术骨干的网络,在'331'工程研制中,从整个工程的五大系统到各大系统的主要分系统,都有技术骨干的网络,这个网络以设计师系统的领导为主,但一定要有科研生产试验第一线的技术骨干,这些骨干在技术上不一定是最强的,但必须是一流的,更重要的是必须忠诚、厚道,敢于讲实话、真话。这样,每当发生什么问题,或遇到什么技术难题时,认真地听取这些人的意见,再加上你自己的知识和经验进行综合分析与判断,所做出的结论就会符合实际。"

第二条,作为一名技术领导,分析、判断、处理和决策技术问题,一是靠自己的基础知识和专业技术知识,那就要不断地再学习和更新知识,要勤奋努力;二是靠真正地深入实际,在实践中发现、积累、总结经验教训；三是要确实做到实事求是，一切从实际出发。

这些年来，他始终严格要求自己，按这些原则履行技术指挥员的职责。因此，广大的科技人员、工人和党政领导都信任他、亲近他，愿意跟他讲实情和心里话。当然，有的院、局、基地和设计部、所、厂的领导，对任老一竿子插到底，深入基层，直接找一些人听取意见，给他们造成被动而有意见。但时间长了，大家接触多了，知道任新民绝无"夺权"和"架空"之意，而是为了工作，也就理解了任老的做法。

任新民在长期担任技术领导工作中，在主持型号研制工作中，都是按照他的这些经验进行的，因此，做到了情况明、决心大，解决、处理和决策的问题就准确或接近准确，效率和效果自然好。

要真正做到务实、求实，就必须以朴实、勤奋、刻苦的作风深入实际，扎根基层，融于群众之中，实干苦干。他担任试验队队长或技术负责人，到发射基地参加发射飞行试验已逾百次，最长一次是在西昌卫星发射中心，发射第一、二颗试验通信卫星"东方红二号"，连续作战七个多月。这在航天系统是绝无仅有的，这也从一个侧面看出他深入第一线、深入科研试验现场的朴实工作作风。

有一位常与航天打交道并多次赴发射场采访的记者讲："任老总有两个不像，一是走起路来快步如风和爬起发射塔架来扶摇直上，不像年近八旬的老人；二是他的衣着和待人，不像个副部级的领导和留美的博士。"是啊！他在20世纪80年代初，平时就穿着普通的中山服，领子破了还让夫人翻过来缝上再穿；脚上常穿着一双布鞋，有时还穿胶鞋或老家手工做的布鞋；眼镜架也是褪了色的老式近视镜架；再加上东奔西跑而晒黑了的肤色，这使他看起来真像一位地道的老工人。一位跟他家很熟的女同志对他夫人说："任副部长常出入高级宾馆，还经常到人民大会堂开会，你也不帮他打扮打扮。"任夫人抱怨说："哎，你是不知道，他这个人不在意穿着，逮着一件就死穿这一件。"

任老还有其独特之处。平时在外边不论遇到什么人，包括他的领导和部下，没事从不搭腔；别人跟他打招呼，他也是一笑了之，似乎彼此不认识，从不说家常客套话。以此完全可以判定他是一位"冰冷"而又难以接近的怪老头儿。然而，当你

1999年8月与夫人虞霜琴金婚留影

找他谈事情或工作时,尤其是谈技术问题时,他却是侃侃而谈,使找他的人感到毫无拘束。他很少与人谈及家庭、生活和个人情趣之事,但谈起《二十四史》的有关内容,他却滔滔不绝,以古论今、绘声绘色、记忆超凡、思维敏捷。

任新民的个人爱好很有限,除了看书、看资料,就是散步了。在发射场漫长的七八个月里,文化生活是非常匮乏的,试验队的参试人员也只是看看电视,周末放放录像,或打打扑克、下下棋。任新民却不以为然,认为看书、散步(快走)就够充实了。有一个周末,他的秘书去隔壁单元的试验队宿舍了,任老总回来就问:"干什么去了?"秘书回答道:"看他们打扑克、下象棋了。"他半严肃地说:"看那些有什么意思。"秘书心领神会,以后再也没涉足打扑克、下象棋的现场。

任新民在朴实、务实方面还有很多奇闻趣事,亦可印证其实事求是、一切从实际出发的思想已深入到他工作、生活的方方面面。20世纪80年代初,他在上海出差,工作任务完成得比较顺利,他难得有兴致同秘书去了趟商店。以往在上海出差,从不去商店,有空闲时间就去福州路的上海外文书店,而且一看就是一两个小时。这次,他是破天荒地逛了次商店,也不说买什么。当来到一家商店的儿童玩具柜台前时,他请售货员拿了件200多元的高档玩具,原来是想给外孙子买一件生日礼物。他摘掉近视眼镜,仔细端详着放在柜台上的玩具,一会儿看看实物,一会儿看看说明书。售货员看了他一眼,显然有些以貌取人,看他琢磨来琢磨去,好像是一个工匠在修理玩具似的。

2000年全家福

售货员暗想:"一位老工人舍不得花这么多钱买这么一件高级玩具,别耽误时间了",便随手把玩具放回货架上了。任新民一下子给弄得发愣,但也没吱声。秘书看到这一尴尬的场面,只好救驾了,上前解围说:"售货员同志,他肯定是要买的,请拿个新的选一选。"秘书很清楚,他定了的事是不会变的,买是肯定的。但任新民有个习惯,见到他未见过的东西总爱琢磨、推敲,从结构到外形,从电路原理图到使用方法。他慢吞吞的态度惹得售货员不耐烦了。最后,这件玩具还是买下了。只是恐怕时至今日,那位售货员还不清楚这位"老工人"用一般人三四个月的工资买下这件高档玩具的缘故。

还有一次,按照上海市政府接待处的安排,他很不情愿地住进了上海和平饭店的高级套间。他回饭店时,低着头似乎在

任新民在青海塔尔寺

想什么,径直向电梯走去。饭店门卫机警地边喊边追:"老师傅,您找谁?请登记!"但凡遇到这种情况,他都是漫不经心,似听见似未听见地看人家一眼,从不吭声。在后边的秘书连忙三步并做两步地赶了上去,秘书也从不讲他们的身份,只是说了住的房间号,并出示了两个人的钥匙牌。门卫一看房间号,知道这是高级套间,更是犯疑了。查对了登记簿,又看了秘书的工作证,才恍然大悟,连声说:"对不起!"任老总虽有些不悦,但始终没吭声。事后,饭店的经理还带着水果来到房间表示歉意和检讨,任老总却连连赞扬门卫的认真负责精神。

这样的事在西昌卫星发射中心也遭遇过。卫星临近发射了，场区指挥部为了加强现场管理，让每位参试人员的胸前都佩戴上不同工作区的出入证，整个发射中心只发了三个在场区四通八达的出入证。一个是国防科工委的参谋长张敏，另一个是发射中心的司令员王世诚，还一个就是任老总。任新民像往常一样来到发射场区的大门口，进门前是一段上坡路，同行人员在海拔1800米的发射场上有些赶不上他快步如飞的速度，也唯恐有催老人快走之嫌，都拖后一段距离。警卫人员看到他胸前戴着特殊通行证，头上戴着普通的蓝布帽，脚上穿着绿色防静电的胶鞋，顿生疑团，便上前盘问。紧跟其后的秘书赶紧上前解释。警卫战士听后愕然，脸都涨红了，马上回以军礼，暗暗自责：真是有眼不识泰山，万万没有想到这就是闻名遐迩的工程总设计师呀！任老总对年轻的战士笑了笑，点点头，意即你们做得对，可始终没说一句话。

尴尬局面还有许多，当当事者得知这位"老师傅"就是七机部副部长、全国人大常委会委员、中国科学院院士、国际宇航科学院院士、"331"工程总设计师、一级教授时，无不肃然起敬。

任新民对权势、地位、身价、交际、世故淡漠得让人难以置信。1983年10月，时任中央军委副秘书长、国务委员兼国防部长的张爱萍一行来到成都，主要是检查、指导试验卫星通信工程（"331"工程）发射准备工作。10月24日，张爱萍请四川省委书记谭启龙、省长蒋民宽、成都军区司令员王诚汉等领导，一起听取国防科工委、航天部关于发射准备情况的汇报,并请四川省委、省政府和成都军区给予大力协助和支持。任新民奉命从西昌发射现场赶赴成都,将发射通信卫星现场的检查、测试情况做了汇报。次日,张爱萍一行,同四川省委、省政府、成都军区的领导及有关的机关工作人员,一同乘专机去西昌卫星发射中心视察。按一般人的思维,同领导会面是千载难逢的良机。他完全可以同张爱萍一行同乘专机返回西昌,既可表示问候,也可以更详细地汇报试验卫星通信工程现场测试、检查的情况。但是,他却认为,专机上方方面面的领导多,就不凑热闹了,现场的工作还多着呢!于是,他请秘书去买两张10月24日晚上返回西昌的火车票。当时成昆线的火车票非常紧张,秘书通过成都军区作战部弄到了两张软卧票。不知张爱萍怎么知道了这件事,很快,张爱萍的秘书打来了电话:"张副秘书长请任新民同志明早同我们一起乘专机去西昌,张副秘书长还要同他在飞机上商量事情。"万般无奈,他只好请秘书退了两张来之不易的火车票。

在专机上,任新民面色沉重地坐在一旁,此时的他除了压力就是担心,他朝思暮想的就是如何成功地将试验通信卫星"东方红二号"送入地球同步轨道,并能正常运行和投入使用,现在夸夸其谈没用,搞不好可能成为笑料,所以他尽量不吱声,非开口不可时,他言语非常谨慎,留有余地。后来由于张爱萍的询问,任新民很快就成了专机上谈话的中心。他汇报了"长征三号"运载火箭、"东方红二号"卫星在现场的检查、测试情况及转场的计划安排等；还就航天系统开展的"三抓"任务及航天技术与导弹武器装备未来的发展等话题，与张爱萍交换了意见。

任新民归心似箭，一直惦记着现场的检查测试情况。专机到达西昌机场后，他又直奔前来接他的汽车，准备返回试验队驻地。张爱萍看到后连声喊道："老任！跟我们走，还有事，先不要回试验队。"他只好坐上前来迎接张爱萍一行的车队，去了西昌邛海宾馆。

果敢担当

几十年来，任新民在技术领导的岗位上，遇到问题总是迎着困难上，从不瞻前顾后、畏首畏尾、推诿扯皮，即使在"文革"特定的历史环境下，虽然更谨慎一些，但也从不发表模棱两可的意见。他用自己的实际行动铸就了他敢于负责、善于负责，敢于决策、善于决策的伟大品格和风度。

1982年12月，当时对解决氢氧发动机启动缩火的问题已经制定了有针对性的措施。但这些措施是否有效还必须通过发动机试车进行检验。为此安排一次试车顺理成章，也比较稳妥。但需要耗费一笔经费，更主要的是研制进度将拖后，如赶不上1983年年底至1984年年初的发射窗口，会使发射时间拖后一年。这样不仅造成人力、财力的耗费，还会带来箭上、星上电子元器件等超过有效期等复杂问题。任新民心急如焚。按已定的研制计划,12月13日将有一次"长征三号"三级简易试车,如果能在简易试车后,氢氧发动机不下台进行分解、清洗和重装,直接进行检验解决缩火措施的试车,不仅节省人力、物力、财力,还能争取近一个月的研制时间。这成了当时任老总集中考虑和亟待决定的问题。他反复查阅了氢氧发动机历次试车总结和试车数据,并同有关的设计人员、试验站技术人员进行了研究、讨论,初步形成了在简易试车后连续进行检验解决缩火措施试车的设想。但要真正统一思想认识,形成决策,并非易事。大多数技术领导和科技人员都不大同意连续试车,认为风险太大;赞成连续试车的是少数,而且也不理直气壮地发表意见。任新民长期领导和从事液体火箭发动机的研制试验工作,十分

任新民在某型号火箭发动机试验平台技术方案评审会上发言

理解同志们的心情和意见。他又何尝不了解氢氧发动机连续试车可能出现的严重后果，不仅氢氧发动机有可能爆炸，还会毁及试车台。他思绪万千，绞尽脑汁地想："成功的把握是有的，但绝对成功的把握哪有啊？！况且试验本身就意味着成功与失败两种可能。"他暗自思忖："单独组织一次试车，也同样存在着失败的可能。但这种失败无可指责，只要分析故障原因、采取改进措施就是了。"他也想道："连续试车万一出了问题，对于决策者来说，那就如同医生在给病人做手术时，病人死在了手术台上，到时不只是说不好听，甚至会声名狼藉。"转瞬间他郑重地告诫自己："应该相信自己和有关人员的分析、判断，相信以往的试车结果分析，如果一点儿风险都不敢冒，那是私心杂念在作怪，是患得患失，是懦夫。"思前想后，他进一步坚定了连续试车的决心。

几次会议研究讨论都是无果而终。在最后一次会上，他开门见山地阐述了自己的观点和论据，毅然决定采用连续试车的方案。与会者一听，知道任老总已做决定了，没有再讨论的余地了，只能研究如何落实连续试车方案。所以，大家也都不吭声了。接着讨论试车任务书，有人提出："任务书应写明经任老总决定……"在场的人十分清楚，这样表述的意思，暗含着责任问题，也是发言者保留不同意连续试车意见的一种表达。有人打圆场说："还是要写总师扩大会研究决定为好。"这实际上还是两种意见辩论的继续。这时，任新民腾地站了起来，一反平日的沉默寡言，态度十分严肃地讲："就写任新民决定，出了问题完全由我负责,坐牢、杀头都是我一个人的事,与其他人无关!"语气中显露了自信、坚定、果断,也带有几分火气。在场的"长征三号"总设计师谢光选为了缓和气氛,也说:"坐牢、杀头也有我一个。"

连续试车的问题总算确定了,试车任务书也已下达。紧接着任新民组织设计单位、生产单位和试验单位有关的科技人员、管理人员和工人,一起研究制定了氢氧发动机简易试车和检验解决缩火措施试车的方案,并研究制定了安全措施保障办法和应急措施方案,进行了详细的分工,由各单位分头实施。

为确保试验卫星通信工程能在1983年年底至1984年年初这个发射窗口实施发射,整个工程的五大系统都处于最后冲刺的关键时期,承担"长征三号"一、二级及全箭控制系统设备研制任务的上海航天局,已三番五次地请求任老总前去处理和协调有关问题。当连续试车的方案确定后,他就匆忙赶赴上海。在上海期间,他每天都要通过专线电话了解北京试车准备工作的进展情况。原计划提前一天从上海赶回北京,参加氢氧发动机的连续试车,可在上海航天局的工作实在是排不开,只好在试车当天的上午乘飞机赶回北京。由于计算了任老总返京的时间,试车定于中午12点点火,按计划,从机场直接去云岗地区的试车现场,时间还绰绰有余。但事不凑巧,航班在上海起飞晚了半个小时,这可急坏了任老总。下飞机后,年近古稀的任新民一路小跑地上了车,一上汽车,他就催促司机抄近道,直奔试车现场。汽车里鸦雀无声,大家似乎都屏住了呼吸。司机田师傅曾做过宋任穷同志的专车司机，技术熟练，全神贯注地把着方向盘，汽车飞速地赶到了试车现场。此时，试验站戒严的警报已经拉响，警卫人员看见有汽车进入场区，都火速地围拢过来，一看是他们早已熟悉的任老总，立刻带领他跑向指挥控制室。广播喇叭里已传来了倒计时的声音，10、9、8……任老总还没来得及坐下，发动机已经点火了。他目不转睛地盯着试车的显示屏幕，看着氢氧发动机第一次点火均匀、平稳而明亮的火焰，心中暗暗欢喜；过了一会儿，发动机二次点火，仍然干净利落，没有出现缩火现象，他心里的一块石头总算落了地。

试车成功了，解决缩火的措施完全有效。欢呼声、祝贺声响彻在试车台所在的山沟，同事们争相同他握手祝贺，赞扬他"无私无畏，敢于决策""艺高胆大"。他只是不停地点头微笑，充分彰显了他"有功己不语，亦不为人语"的高尚品格。舒展开的眉头露出了倦意。他也忘记自己还没吃午饭，老伴儿托司机带来的饭菜也凉了。同事们一再劝他留下来参加晚上的庆功宴，他还是用"谢谢"二字谢绝了。

精益求精

任新民十分清楚，航天型号工程，都是复杂的大系统工程，涉及诸多学科和专业技术，是现代科学技术各领域最新成就的高度综合与运用，是一个国家综合国力，包括经济、国防、科技等实力的重要标志之一。研制过程中的任何一个环节；参加研制、生产、试验的任何一个人员；型号工程的任何一个组成部分，包括型号工程的系统、分系统、各仪器设备、部组件、零配件和元器件，直至每个螺钉、螺帽，每根导线和每个焊点及使用的所有材料，如果出现问题，都会导致整个航天型号工程飞行试验或发射任务的失败，甚至有可能出现重大的伤亡事故。因此，他在领导和主持航天型号工程研制过程中，始终牢记周恩来总理生前为中国航天和核事业制定的质量工作指导原则，即"严肃认真，周到细致，稳妥可靠，万无一失"的十六字指导原则，并着力抓好落实。他经常告诫自己和参研、参试的人员："航天型号工程本身就有很多新、难、尖、精、高的技术难题，研制试验工作带有很大的探索性和风险性，绝不能因为我们工作的质量问题而增加这种风险和探索的难度，搞得不好会将认识不到的技术难题与质量问题搅在一起，增加探索与攻关的难度，这无论如何也是不应该的！"

1985年11月，第三枚"长征三号"运载火箭和第一颗"东方红二号甲"实用通信卫星运抵西昌卫星发射中心，"331甲"工程开始进行发射前的检查测试工作。任新民仍和"311"工程第一、二次发射一样，坐镇现场，同参试人员一起参加检查测试工作。他了解到，参试人员中有一种情绪和苗头，觉得这是第三次了，轻车熟路，都不同程度地出现了一些懈怠的苗头。他看在眼里，急在心上，知道这不是一个好兆头。在一次听取技术厂房检查测试阶段情况的汇报会上，大家围绕着遥测系统一个设备的故障问题进行讨论，任老总板着面孔，不时地进行追根究底的提问。遥测系统的一位副主任设计师辩解道："在北京做过试验。"任新民猛地站了起来，气不打一处来，指着那位副主任设计师吼道："你撒谎！"与会者一下子全愣了，会场上的气氛变得紧张起来。任新民严厉地说："我们天天讲质量问题生死攸关，实际行动怎么样呢？我们的通信卫星才发射两颗，也只有一颗发射成功了呀！这第三颗就认为是轻车熟路，老手旧胳膊了！我看就是99颗全成了，第100颗的工作还得像第一颗的工作一样，工作来不得半点马虎，否则第100颗也不一定成功。"停了一会儿，他严肃地提出："这样的扯皮会不要继续开了，你们有关的单位、有关的人员回去自己查，自己讨论，查清了再来找我们。"与会者十分清楚，任老总用心良苦，这一借题发挥就是要杀一儆百，杀一杀大家都看在眼里而未讲出口的麻痹松懈情绪。

第二天晚上，汇报会继续召开。一上来，遥测系统的这位副主任设计师就检讨说："装箭的和备份的两台设备，备份的这台在北京做了试验，测试中出了问题的这台装箭设备确实没做过试验。任老总批评得对，我们工作有漏洞，应该吸取教训。"接着，这位副主任设计师详细地分析了产生故障的原因及解决办法。这时，任老总严肃的面孔露出了笑意："我知道你不会故意撒谎，是记错了，记错了也不应该。"经过讨论，会议很快对遥测系统故障的分析与处理意见达成了共识，并对后续的检查测试工作做了布置和安排。最后任老总再次严肃地做了简要的叮嘱，他列举了前段检查测试中出现的一些松懈现象，指出了一些不该出现的问题。他郑重地告诫大家"骄兵必败""淹死会水的"等一些道理，要求大家扎扎实实、一丝不苟地做好技术厂房和发射阵地的检查测试工作，确保第一颗实用通信卫星发射、定点成功，并投入使用，为中国的卫星通信事业增光添彩。

还有一次，运载火箭和卫星已矗立在发射塔架上，还有三天就要发射了。在发射前的总检查中，遥测电源由外电转内电（由地面市电供电转到箭上蓄电池供电）时，出现了"过压报警"。研制人员知道在此时出现这类问题是很棘手的，他们连饭都顾不上吃就进行查找，费了九牛二虎之力，可仍无头绪，转电时仍出现同样的"过压报警"信号。有些人认为箭上有抗过压保护措施，对过压能扛得住，不影响箭上遥测系统的正常工作，不想再查找了。任老总接到情况报告后，立即赶赴现场，召集有关人员开会研究这个问题。他听过汇报，当听到他们不想再查找的意见后，脸色立刻变了，严肃而尖锐地指出："'过压报警'算不算一个疑点和问题？我们成天讲不带任何疑点和问题上天，就是为了说在嘴上，写在墙上，真正遇到疑点和问题就放过去？！"这时，他站起来质问道："你们设'过压报警'的目的是什么，是干什么用的，这是第一道防线；箭上的过压保护是第二道防线，是对没有认识到或未发现的过压进行保护。现在明知道第一道防线出了问题，问题的原因也不清楚，就想退守到第二道防线，那第一道防线等于没设，或者说第一道防线不攻自破嘛！"任老总指了指墙上的标语，提高了嗓门，坚定地说："这叫不带疑点、问题和隐患上天吗？！'过压报警'的事一定得查清并彻底排除，否则，我宁可让全线都等着你们。不排除，所有的工作都不能往下走。"大家一听都愣了，这全线都等着，可非同小可呀！全线不仅包括发射场区成千上万的参试人员，还包括遍布于全国各地的测控台站，也包括远在南太平洋的测控船队，那影响可就大了！承担研制任务的科技人员知道没有退路了，只有横下一条心，彻底地查。

　　事情往往就是这样，一认真就解决了。还不到半天，产生"过压报警"的原因就查清了：有一根导线按老图纸接的。设计图纸更改后，其他部分都改了，而这根导线的接法没有按新图纸更改，出现了图物不符的错误。这根导线按新的图纸进行改接后，再进行转电，就没有出现"过压报警"了。大家都欣喜若狂，一直在现场督战的任老总也露出了满意的笑容。主管的研制人员上前与任老总开起了玩笑："多亏您的高压政策呀！"任老总也回敬道："属牙膏的，不挤不压不出来。"任老总还坦诚地讲："我担心的是查不清原因，怕'过压报警'后面潜伏着更大的隐患。"

严己宽人

　　"至高者非官位而在无欲，至善者非雄才而在贤达。"在任新民朴实无华的伟大品格中，令人敬佩的还有他贤达、无欲、严于律己、宽以待人、待人以诚的高风亮节。他的敬业精神、工作作风，是有目共睹、有口皆碑的。然而，当谈到他的业绩和贡献时，他发自肺腑地说："如果没有国家的强盛和民族的兴旺，没有中央决策要发展导弹、运载火箭和卫星，靠我们个人能干个啥？！"他还深有感触地说："在旧中国，即使是学有所长的人，从国外回来，国内没有开展相应的专业项目，也没有开展工作的条件，当然是英雄无用武之地，报效祖国无门。那时开展的一些科研项目也只能是零敲碎打，拾外国人的牙慧。国家决策发展'两弹一星'这些大科技工程，就给科技人员提供了一个大舞台，我们干上了这一行，亲自参加一些大工程的研制、试验，算是三生有幸。"他还颇为感慨并反复地说明："我说的可不是一般意义的客套话，而是实实在在的情况。假如，我还在学校里教书，在'文革'中说不定被打成反动教授、反动学术权威，甚至连性命都难保。我们搞'两弹一星'，受到了周总理的保护，在'文革'中没有间断科研生产工作。换了别人，同样可以取得不俗的业绩。作为个人我做了一些工作，也取得了一些成绩，这虽然离不开个人的努力和能力，但也有一个机遇问题。"

正因如此，在1985年"长征三号"运载火箭和"东方红二号"试验通信卫星及微波测控系统等项目，申报国家科技进步奖特等奖时，他明确而坚定地表示自己只上一项，即"长征三号"运载火箭，且提出只列第二名。在后来的"长征四号甲"运载火箭和"风云一号"试验气象卫星等项目申报国家科技进步奖时，申报单位根据工程总师任新民的业绩和贡献，提出并执意坚持他应该作为项目的第一完成人,且按程序已进行了初审,当这些项目提交到航天行业评审组评审时,作为评审组组长的任新民不容商量地将自己的名字通通去掉,让给下面从事具体技术工作的科技人员。为此,广大科技人员都非常敬佩任老总的义举。

任新民还有很多刚正不阿、朴实厚道的事迹。"文化大革命"中披露的一条鲜为人知的"要闻",着实使他倒吸一口冷气,冒了冷汗。那是1961年至1962年间,当时中近程弹道导弹的液体火箭发动机的技术难关久攻不下,试车屡遭失败,他感到焦头烂额、狼狈不堪。就在此时,有几位年轻人"阶级斗争"这根弦绷得很紧,就写信给中央,怀疑有人在液体火箭发动机研制中搞破坏,怀疑任新民这位液体火箭发动机设计部主任有政治问题,有特嫌问题。发动机试车时,院政治部派来的政治工作人员,特别是保卫人员明显增加,还派了一位保卫干事长驻发动机试验站。当时,他认为是为了加强思想政治工作,根本没往别处想。后来"文革"中披露了真相,他才如梦初醒。原来那些人是来监视自己的。但他却很坦然:假的真不了,真的也假不了。同时也使他想起了聂荣臻元帅转达给他的一句话:"最困难的时候,也就是快成功之时。"这很有可能就是聂帅了解当时这件事,而用心良苦地安慰他吧!

任新民对当时写信的人毫无憎恨之意,只是淡淡地一笑:"那是特定历史条件下发生的特殊事,能怪谁呢?"可事情往往巧得很,真是山不转来水在转,水不转来人在转。20世纪80年代，当年在这封信上签名的科技人员，因赴美做访问学者，而未赶上航天部正常组织的第一批高级工程师的评审。由航天部组织评委会，对几位回国的留美访问学者进行补评。任新民担任评委会主任，他仗义执言，为这位科技人员讲了许多公道而实事求是的意见，他说："我也不是说这位同志好得不得了，我是将他的技术水平、工作业绩同其他已经评上高工的人员相比较，他并不差，应该给人家评上。"他还对这位科技人员的才华和精通俄语、英语等长处大加褒奖，认为他完全符合高级工程师的条件。但当时要求三分之二以上的票同意才行。有几位老专家对这位科技人员持有异议，结果他没有评上。

第一次评审后，这位同志向当时的中央军委副秘书长、国务委员兼国防部部长张爱萍写了申辩信，张爱萍做了批示，应予复议。任新民又主持召开了第二次评委会，还是没达到三分之二的同意票。事后，任新民有些不快。有人劝解他："某某可能是恃才自傲，得罪了一些人。今年评不上，以后还可以按正常渠道报评，就不必到部里评了。没必要为这件事弄得老专家们面红耳赤的。"此时，任老总才推心置腹地讲了20世纪60年代的这段往事，并动情地说："人总得讲个公平，公道嘛！不要把个人的恩怨、成见凌驾于公平、公道之上，要讲个人的恩怨、成见，我应首先投反对票。人不能小肚鸡肠，那件事发生时，他们还年轻，不了解情况，为工作着急，写了封告状信。写了就写了吧！没必要记恨，今天不能公报私仇，还得要秉公办事呀！"这一席话足见他宽广的胸怀、朴实的品格和厚道的为人。

"无欲品自高",这也是任老总的一个信条。他除了工作、看书,几乎无任何嗜好,以前他吸烟,烟瘾还不小,到经济困难时要发烟票才能买到烟,他一发狠,就戒了烟,把烟票给了别人。他从不为取得的成绩沾沾自喜,更不炫耀自己。他对吃、穿、住、用不大讲究,也不会因为这些事去麻烦别人。不管是吃住在宾馆、发射场的试验队,还是住在偏远单位的小招待所里,别人向这位老人嘘寒问暖时,他总是公式化地回答"蛮好,蛮好"。其实,早春时节,在闽西测控站和浙江湖州山区的7013试验站这些地方,又潮又冷,令人难熬。这些单位也考虑他的高龄,都想让他住在离单位比较近的市里宾馆。开始劝他,他婉言谢绝;说多了,他就发脾气,坚决不搞特殊。

作为七机部副部长、全国人大常委委员,又是老专家,他去外地下属单位出差时,下属单位的领导总是去机场或车站迎送。他一再叮嘱,大家工作都很忙,不要接,来一位工作人员领领路就行了。等到离开时,他执意不让下属单位的领导送行,并诚恳地说:"我们又不带什么东西,用不着送,如果需要,我会找你们的。"

从1980年起,按国务院机关事务管理局的规定,给部长和年满65岁的副部长配专车。他不仅不让家属子女用他的专车,就连自己办近程的公事和私事,也骑自行车或徒步前往,不动用专车。1983年的一个星期日,上级机关临时通知他去参加一个会,他考虑司机平时跟他东奔西跑,已经够忙的了,好不容

任新民在沈阳怪坡骑车

易有一个星期天,就别麻烦司机了。他瞒着家人和秘书独自骑自行车去了。可人不服老不行,下车时脚踩在一块不大不小的石头上,大脚趾扭了一下,顿时就肿了起来,他只好忍着疼痛回到了家。夫人见他一瘸一拐的,问他怎么搞的,他支支吾吾不肯说实情,唯恐惹来麻烦和夫人的埋怨。可他骑自行车又何止这一次,保卫部的同志多次见到他骑自行车外出,保卫部领导和秘书多次提醒他:"毕竟年纪大了,得注意安全,尤其是现在车多,交通秩序又不太好,还是不要骑自行车外出了。"

任新民对自己克勤克俭,可对同事、下属,甚至是素不相识的普通群众,他都以诚相待,亲和关心,善解人意。由于航天型号工程上某些技术上的需要和一些阴差阳错的原因，往往是在春节前后执行航天型号工程的飞行试验或发射任务，尤其是通信卫星受发射窗口的限制，都是赶在春节前后发射。他春节回不了家是常态，家中的老母亲、夫人、子女及孙辈们也都早已习以为常了。每逢遇到这种情况，他总是春节前给夫人打个电话，表示歉意，言明上有老下有小的一大家子就拜托夫人操劳了。他还叮嘱夫人跟秘书的爱人及子女们说，他们春节都回不去了。尤其是忘不了历年来都要办的事，利用春节假日去南苑，看看原来研究所的一些老人。他委托夫人："你一定安排个时间去南苑，看看原来的老邻居，特别是一定要去看看刘九皋同志。"老刘原是液体火箭发动机研究所的一名技术人员，后来调到部里的科研生产局工作，与任老总共事的时间比较长。1975年突发中风偏瘫卧床，情绪也不好。任新民在京时每年都要去探望，表达友谊与问候。

　　当然任新民一生中也有憾事，并因此终生自责。1994年10月下旬他百岁高龄的老母亲生病住院，恰巧赶上这一段时间他工作比较忙，会议也比较多。因此，他难得抽空儿去医院看望，更谈不上多陪陪老母亲。只好托付老伴儿和他的妹妹。一天上午，医院打来电话："老太太的病情不轻，年纪太大，身体已无任何抵抗能力，请您无论如何抽空儿来一趟。"刚巧那天下午安排了一个由他主持的会议，难以脱身，他只好请老伴儿和妹妹先在医院照料。她们听到老太太在半昏迷中不时地喊"新民"，又听了医生和护士关于老太太的病情介绍，焦急万分，手足无措，盼任新民及早到来拿主意。她俩不停地轮流到医院的楼梯口，看了五六次都没有见到任新民的身影。直到下午3点多钟，这位年近八旬的儿子才一路小跑地上了楼。他来到母亲的病床前，摸了摸母亲布满皱纹的额头，又攥了攥老母亲枯瘦如柴的双手，亲耳听到了老母亲呼唤"新民"的微弱喊声，当他回答时，老母亲还会意地点点头。此时，他不由一阵心酸，往事一齐涌上心头……

母亲终生辛劳，操持家务。从1950年他在南京华东军区军事科学研究室起，母亲就协助妻子料理家务，像一台不知疲倦的发动机照顾他的四个子女和侄子。"文化大革命"中母亲无

1994年5月28日，任新民在家中为母亲过百岁寿日

端地被赶回安徽宁国县老家，自己住在一间柴房里，冬冷夏热，蚊虫叮咬，她顽强地活了下来。

他正沉思静想，医生来请他了，在办公室听了医生关于母亲病情的介绍后，他坦诚地说："完全听你们医生的，花费的事你们不要考虑，该用的药就用，完全由我负担，请放心。"医生又对他老母亲进行了治疗，开始输白蛋白和血浆，老太太又昏睡了。任新民根据老母亲的身体状况和以往生病恢复的情况，判断老母亲会熬过这一关，至少一两天不会发生问题。因为部里的会议还没有结束，他又匆匆返回机关开会去了。可万万没有想到，这竟成了他与母亲的永别。

第九章

霜重心红

老骥伏枥

20世纪80年代后,步入古稀的任新民仍在大干航天型号工程,领导、主持或参加多种航天型号工程的研制和发射,用实际行动践行了"老牛自知夕阳晚,不用扬鞭自奋蹄"的奋斗不息精神。

作为"风云一号"气象卫星工程总设计师,他执掌着帅旗,于1988年9月7日、1990年9月3日成功发射了"风云一号01"星和"风云一号02"星。尔后任新民绞尽脑汁、冥思苦想,并奔走呼号、四处游说,别具匠心地使这个新的航天型号获得立项,虽延续了"风云一号"的冠名,但实际上是一个新的型号

任新民（右一）与钱学森（中）、屠守锷（左二）、黄纬禄（左一）、梁守槃（右二）在人民大会堂

工程。在他的领导与组织下，广大的研制人员披荆斩棘、攻坚克难，于1999年5月10日、2002年5月15日，分别用"长征四号乙"运载火箭成功发射了"风云一号03"星、"实践五号"科学试验卫星和"风云一号04"星、"海洋一号"海洋探测卫星。这些卫星的成功发射和投入使用都带来了巨大的社会效益和经济效益。

作为工程总设计师，领导、组织了改进型返回式遥感卫星

（又称"返回式遥感卫星二号"）、新型返回式遥感卫星（又称"返回式遥感卫星三号"）及其运载火箭"长征二号丙""长征二号丁"的研制，领导和参加了5颗"返回式遥感卫星二号"和3颗"返回式遥感卫星三号"的检查、测试和发射工作。他以一个老航天科技工作者特有的责任心和使命感，不知疲倦地耕耘和拼搏，收获了航天型号工程的累累硕果。

他作为工程的技术总顾问，以高度负责的精神，指导和参加了"东方红三号"通信卫星和新型的"长征三号甲"运载火箭的研制，最终形成了"长征三号甲"系列运载火箭。

他被任命为发射外国卫星工程（"867"工程）总设计师后，不辱使命、勇于担当，1990年4月7日，他坐镇现场，领导和组织了我国首次用"长征三号"发射外国卫星的任务，实现了我国运载火箭国际商业发射服务零的突破。之后，他还多次

任新民（前排左三）在总装厂与李鹏（左四）、罗干（右四）等领导合影

亲赴现场，领导和参加了"长征三号""长征三号甲"等运载火箭的国际商业发射服务。

风口浪尖挑重担

20世纪90年代，航天型号工程在进行发射和飞行试验中，屡遭挫折或失败。作为中国航天元老之一的任新民看在眼里，急在心上，但他却很镇定地说："中国航天正处于由必然王国向自由王国挺进的征程中，只要肯于探索，肯于实践，这道坎儿一定能迈得过去。"

故障分析及评审工作在当时已成为中国航天异常重要、急迫而又棘手的工作。特别是组长，更是处于各种矛盾和意见的漩涡之中。因为一旦出现故障，残骸或滞留太空，或由于爆炸而面目全非，物证难以找到。出现故障时的遥测数据和外弹道测量数据又不全，靠仅有的数据来分析发生故障的原因及部位，是一件综合性强、技术要求高、难度非常大的工作。然而任老总对此却有独到见解："我干了几十年航天，遇到的故障分析事例几十次，但各分系统基本上是'御敌于国门之外'，没有说自己的，只有一院13所的赵凌星（后来曾任13所所长）眼睛向内，从自身研制的设备找原因。说到底是研制者害怕承担责任，不愿说清各自分管工作的薄弱环节，这就需要领导者了解和掌握全面情况；另一方面是分析者和评审者怕说出的意见与事实有出入，怕得罪人。关键是研制者、当事人、分析者、评审者都要实事求是，抛弃个人的私心杂念和患得患失，我相信故障的原因是会弄清楚的。"

他是这样想的，这样说的，也是这样做的。1994年4月2日，"风云二号"卫星第一颗星在西昌卫星发射中心技术厂房爆炸，当时任新民应工程行政总指挥和工程总设计师之邀，参加了"长征三号"和"风云二号"的检查测试工作，4月2日上午，任新民一直在技术厂房参加"风云二号"模拟射前8小时准备的测试工作。快到11点钟了，他觉得主要测试工作已经做完，后边的工作不多了，于是和其他同志一起，返回了试验队的宿舍。他倒了一杯水，正准备喝时，突然一声令人心惊的响声从技术厂房方向传来，他下意识地喊了一声："坏了，出事了。"旋即赶赴现场，参加灭火和抢救伤员的工作。现场的有关领导经商议，并请示航天工业总公司的领导，立即成立了故障分析组和故障分析评审组，任新民被任命为故障分析评审组组长。当时，技术厂房一片狼藉，人心惶惶。他会同有关领导开始了爆炸事故的全面调查工作。首先认真地察看了事故的现场，包括厂房地面和墙壁被撞击后的痕迹，察看了卫星爆炸后星上设备的残骸；搜集、整理、分析了现场目击者看到、听到的关于事故的材料；察看分析了当时记录的每一个遥测数据和发出的每一条指令；还请来了材料分析、消防、固体推进剂技术等方面的专家，进行了各种试验，以分析起火和远地点发动机被点燃的原因。经过四个多月艰苦的工作，终于查清了事故的原因，并通过了故障分析评审组的评审。

这次事故的教训是深刻而沉痛的，发现了一些还没认识到的问题。如对卫星加注了60千克的无水肼，固体远地点发动机内装有653千克固体推进剂，就已经成为一个大的火工品，对此认识不足；加注无水肼后，测试现场没有肼监测装置；对无水肼的性能和危险性缺乏深入的了解，对防静电的环境湿度无明确要求；对钛管材及焊接点的质量检验标准不规范……这次事故给每一个航天人都敲响了警钟，这些都成了我国航天事业的极为宝贵的财富。

1997年6月10日晚19点55分，"长征三号"运载火箭成功地发射了"风云二号02"星，六天后卫星成功定点，投入在轨测试和运行使用，证明"风云二号01"星的故障分析组及故障分析评审组的工作是有成效的。

提携后辈

20世纪90年代，有人说："航天系统当选中科院和工程院院士的发动机专业的人多，国防部五院一分院第三设计部的人多，从事试验卫星通信工程的人多。"还有人做了粗略的统计，从事发动机专业的有：孙敬良、张贵田、朱森元、刘兴洲、邢球痕、崔国良等。原在国防部五院一分院第三设计部工作的有：孙敬良、张贵田、朱森元、邢球痕等。以从事试验卫星通信工程（"331"工程）所建立的业绩与贡献为主或作为其中一个因素而当选为院士的有：谢光选、龙乐豪、余梦伦、曾广商、朱

1994年8月22日,任新民(右二)与屠守锷(左一)、黄纬禄(右一)、梁守槃(左二)接受求是科技基金会颁发的杰出科学奖

森元、孙敬良、孙家栋、屠善澄、戚发轫、范本尧、陈芳允、张履谦、童铠等。言外之意,任新民对部下荐举、提携得过多。

其实,任新民在作为中科院技术科学部学部委员评选工作召集人时,他对航天系统参选人员基本上是采取回避的态度,他曾感慨地说:"都说好话也不行,大家从你讲的好话中也能分析出参选人水平的差距,大家都不了解情况,本系统人的意见起的作用太大,我是反复地强调请大家认真研究申报的材料。"

要说任新民在评选院士的功劳倒有两个方面。一是在他领导或主持的航天工程研制试验中,始终把发现人才、使用人才、培养人才放在重要位置,仅"331"工程,研制试验的时间前后长达十多年,就有十多名科技骨干当选为中科院或工程院院士,

2003年,"神舟五号"飞船首次载人飞行成功后,任新民(左)与王永志在一起交谈

还有一些科技骨干虽没有当选为院士,但他们的业绩、贡献与技术水平与当选的院士相媲美。二是在荐举方面,凡是欲申报院士找到他的,他都二话不说,予以推荐,并根据他多年来参加评选工作的体会,对申报材料的填写及答辩准备等方面,给予具体而细致的指导。

在"长征三号"运载火箭申报国家科技进步奖特等奖确定主要完成人名单时,领导及各方面都一致同意任新民为第一完成人,可任新民毫无商量余地,说:"第一完成人报老谢(谢光选),我只做第二完成人。"后来,谢光选作为第一完成人获得了"长征三号"运载火箭国家科技进步奖特等奖。回过头来看,一方面是任新民注重提携下属,另一方面也有彰显青出于蓝而胜于蓝之意。谢光选作为第一完成人获得的这一项国家科技进步奖特等奖。

在科技界,了解或与任新民有过接触的人,都称赞他毫无嫉妒贤能之意,而是举荐贤能、提携后辈的楷模。

呕心沥血航天梦

发展载人航天技术，在任新民的脑海里早已形成了坚定的信念，如同当年他坚决主张发展氢氧发动机技术一样，不管是来自高层领导还是专家的反对意见，他都执着地据理力争，可以说是棒打不回、矢志不移。1985年，他在为《太空站讨论会文集》撰写的序中写道："搞太空站和航天飞机是一个大的国策，搞这一事业是需要一笔较大的投资，也需要一定的人力、物力。但其技术意义、政治意义、经济意义和军事意义都是非常巨大的。所取得的科技成果是可以转化为生产力的。从一定意义上讲，到一定的时候，我们的投资会本利全收的。"他在序中还恳切地呼吁："太空站迟早是要搞的，但等到人家都成了常规的东西，我们才开始设想，那时候就晚了。所以从现在起就应有一个长远规划，对其中的某些关键技术应立项着手研究。一旦国家决定发展载人航天，就能及时起步。我们要争取在21世纪初，在地球的近地空域翱翔着中国的永久型太空站，在太空站和地球之间有中国的天地往返运输工具，装载着人员、物资、设备穿梭往来，我国的航天员、科学家和工程师在太空站上紧张地进行各种各样的科学技术活动。"任新民在这个序中初步阐述了他关于我国发展载人航天技术的初步设想，即发展航天飞机，起码是带翼的天地往返运输工具，永久性的太空站。

他在20世纪80年代后期开始考虑我国载人航天技术发展的技术途径时，不大想走苏联载人飞船的路子。他主要考虑了三条：其一，不带翼的垂直起飞、垂直降落的航天器即飞船，毕竟是苏联、美国30多年前的技术。这30多年来，科学技术已取得了突飞猛进的发展，航天科技的发展日新月异，更是惊人。美国在1981年就已研制成功航天飞机并进行了飞行，现在已进行多次成功飞行；苏联也已研制了"暴风雪号"航天飞机，并已成功地进行了无人飞行。中国可以也应该研制出比载人飞船更先进的航天器。其二，发展载人航天的目的之一就是实现太空工业化，垂直起飞、水平着陆的航天器容易使科学技术人员进入太空，不像载人飞船那样需要专门培养、训练航天员，身

2003年，任新民在酒泉卫星发射中心

体条件的要求也没有那么苛刻。其三，水平着陆可实现载人航天器部分重复使用，降低成本，有利于工业化。

1986年初春，中国科学院院士杨嘉墀、陈芳允、王大珩、王淦昌四位科学家提出了《关于跟踪研究外国战略性高技术发展的建议》，其中包括开展载人航天技术的研究。3月3日直送邓小平同志处，邓小平同志3月5日做了批示："这个建议十分重要，请找专家和负责同志，提出意见，以凭决策。此事宜速作决断，不可拖延。"之后，国家科委和国防科工委，分别组织了200多位科技专家参加了论证，选择了对中国经济、国防、科技和社会发展有重大影响的生物技术、航天技术、信息技术、先进防御技术、自动化技术、能源技术和新材料技术一些领域作为重点，编制了国家《高技术研究发展计划（863计划）纲要》，1986年11月，中共中央、国务院批准了"863"计划，并以中发〔1986〕24号文件下发，对实施的目的、指导思想、领域和主题项目、政策、措施等方面都作出了具体阐述。随后，在国防科工委的领导与组织下，组建了"863航天科技领域专家委员会"和"大型运载火箭和天地往返运输系统""载人空间站系统及其应用"两个主题项目，任新民受当时航天部领导的委托，亲自遴选荐举屠善澄为"863"航天领域专家委员会首席专家，并遴选荐举了专家委员会其他成员和两个主题项目专家组成员。

1991年1月30日，由中国宇航学会理事长任新民和中国社会科学院副院长刘国光主持，以中国宇航学会、中国社会科学院、国务院发展研究中心的名义，联合举办了"中国航天高技术报告会"。任新民在会议上做了发言,阐述了及早发展中国载人航天技术的建议,他斩钉截铁地呼吁:"载人与不载人是中国航天技术质的飞跃,其政治、经济、社会效益与影响是现在难以预测的。"

从1990年起,载人航天技术方案论证工作逐步深入,仅天地往返运输系统就提出了五种方案:多用途飞船方案,不带主动力的小型航天飞机方案,带主动力的小型航天飞机方案,垂直起飞、火箭助推、水平着陆的两级航天飞机方案,垂直起飞、水平着陆两级入轨的空天飞机方案等。为了加强对载人航天技术方案论证工作的领导,1990年12月14日,航空航天部成立了载人航天工程论证领导小组,任新民担任首席顾问。还从中国运载火箭技术研究院、中国空间技术研究院、上海航天局、航

1990年2月,任新民出席航天型号总指挥总设计师工作会议

空航天部710所等单位共抽调19名科技人员，组成了联合论证组，开展载人航天技术方案的论证工作。任新民亲自指导并参加了联合论证组的论证工作。

自己否定自己，这对于一位科技专家来讲又谈何容易，这也正是任新民贵有自知之明之处。他曾设想，我们搞一个人家三四十年前搞的东西，未免太寒酸了，他反复查阅了美国航天飞机的有关资料，还分析了德国、英国设想的航天飞机方案，认定中国要搞一个带翼的载人航天器。随着方案论证工作的深入，他反复地思考、分析、研究了各种方案的利弊，并综合分析了我国经济技术的现状，分析了技术可行性和研制经费、研制进度等各方面的情况，后来，他同意我国的载人航天技术从载人飞船起步。

1991年春节前夕，航空航天部向邓小平同志呈送了《关于开展载人飞船工程研制的请示》，春节期间，请示送到了邓小平同志手里，小平同志研阅了这一请示，并同有关的中央领导交换了意见。自此，载人航天工程的立项工作加速推进。

任新民还为我国载人飞船工程立项两次去中南海，亲自向国务院总理、中央专委主任李鹏等领导汇报。1991年3月4日，任新民得知国务院办公厅秘书局的电话通知：李鹏总理拟于3月15日下午3时至5时，邀见任新民等了解载人飞船论证工作情况的科技人员，听取关于载人飞船工程方面的汇报。任新民深知这一汇报关系到我国载人飞船工程立项的大局，责任重大，不敢有丝毫懈怠。他当即向有关的部领导做了汇报，并商议了汇报的有关工作,决定由任老总亲自出马,向李鹏总理汇报。前后不到10天的时间,准备好汇报材料是很紧张的。他数次修改汇报提纲。3月15日,任新民等如期来到了中南海向李鹏总理等领导汇报。他开门见山,首先概要地汇报了中国为什么要发展载人航天技术,必要性是什么。接着较详细地介绍了多用途载人飞船的方案设想,论述了中国发展载人航天技术为什么要从研制多用途载人飞船起步,有哪些用途,并阐述了技术经济的可行性。他语气坚定并充满信心地说:"我国已基本具备研制多用途载人飞船及其运载火箭的技术基础和研制条件。"他在论述了运载火箭、飞船系统及其关键分系统的技术基础后,强调指出"载人与不载人是航天技术发展中一个质的跨越。在工程研制实践中必须付出艰苦的努力,也会出现新的技术难题。但据目前的分析,还没有不可逾越的重大技术关键,我们会成功的"。李鹏总理聚精会神地听着任新民的汇报,时而进行询问,时而点头,时而露出微笑。汇报在和谐热烈的气氛中按时结束。

根据这次汇报会,航空航天部在1991年《航空航天重大情况(五)》整理了这次汇报会的主要内容,上报党和国家领导人。五天之后,中共中央办公厅秘书局给航空航天部转来了中央领导在《航空航天重大情况(五)》上的重要批示。中共中央政治局常委、中央军委副主席刘华清3月1日批示:"最近几年,许多专家都希望中央尽快下决心搞我国的载人航天技术,建议中央下决心干起来,而不要再拖延。经济是个大问题,但20多年的时间,每年分担些也是可行的,实在当前财政困难,动用国库存的金子每年出点儿也得干。"3月7日，李鹏总理批示："此事由专委讨论后报中央。"3月9日，江泽民总书记圈阅。自此，我国载人飞船工程的论证与立项工作进入了快车道。

1991年4月，任新民在思考，中国载人航天工程的立项还不是一蹴而就的事，还有很多工作要做，还有相当长的路要走。其一，对于中国要不要进行载人航天工程研制，发展载人航天工程到底有什么意义、作用，这些都还有不同声音，尤其是有关的国家综合部门的领导、专家，有的已公开发表研究报告，持反对意见；其二，中国载人航天工程从载人飞船起步，也有待统一思想，统一认识；其三，就载人飞船本身也有不同的方案，到底采取三舱方案，还是两舱方案等。鉴于此情，年近耄耋、时任航空航天部高级技术顾问、载人航天工程论证领导小组首席顾问的任新民，不辱使命，勇敢地站了出来，应对这三个方面的问题。他同时任航空航天部科技委副主任的庄逢甘商议，由庄逢甘主持召开载人飞船工程实施方案讨论会。这次会议决定，航空航天部运载火箭技术研究院、空间技术研究院、上海航天局根据会议确定的技术指标及要求，分别开展深入的论证工作，完善各自技术方案，以便招标择优，任新民自始至终参加了这一讨论会。

1991年11月，运载火箭技术研究院、空间技术研究院、上海航天局都分别提交了一整套《载人飞船工程可行性论证报告》，任新民等科技专家组成评审组，认真听取三个论证单位的论证报告，并进行了质疑和讨论，各位评审组成员进行背靠背打分，并写出评审意见。任新民仔细研读了三个单位的论证报告和各位评审组成员的评审意见，指导并参加了《并于我国载人飞船工程立项的建议》的撰写及成稿工作。

1992年1月8日，李鹏总理主持召开中央专委第五次会议，专门研究发展我国载人航天技术的问题。任新民代表航空航天部向中央专委汇报了《关于开展我国载人飞船工程的建议》，并结合1：10的载人飞船模型做了我国载人飞船技术方案的讲解和演示。中央专委诸领导认真听取了任新民的汇报，经过热烈的讨论，做出了明确的结论："从政治、经济、科技、军事等方面考虑，发展我国载人航天技术是必要的，也是适时的。我国发展载人航天技术从载人飞船起步是可行的。"会议纪要中记述："载人航天工程是一项跨世纪的大型工程，其意义十分重大，影响十分深远。为表示对党、对国家、对人民的高度负责，请每位中央专委委员和航天领导小组成员，都要对本次会议纪要表示意见并郑重签字。"从一定意义上讲，这次中央专委会议对我国载人航天技术的发展具有决定性的意义。

会议决定，在"863"航天领域专家委员会和航空航天部已进行的论证工作的基础上，由当时的国防科工委（现为总装备部）负责，组织各方面的科技专家成立论证组，继续进行更为深入的论证，提出载人飞船工程技术经济可行性论证报告。与此同时，还要成立由有关专业的科技专家组成的评审组，在全面指导、参加和了解论证工作的基础上，对载人飞船工程技术经济可行性论证报告提出评审报告。届时将论证报告和评审报告一并提交中央专委审批。中央专委再向中共中央政治局常委会议汇报,由中央最后决定。

中央专委第五次会议后,国防科工委和航空航天部很快组织并健全了论证队伍和评审队伍,成立了论证组和评审组,王永志任论证组组长;任新民任评审组组长,副组长为王大珩、屠善澄,评审组成员有庄逢甘、王希季、闵桂荣、杨嘉墀、张履谦、谢光选、童铠等。评审组组长这个担子很重,既有技术上的难度,又有组织协调上的困难。中央专委明确,同时提交论证报告和评审报告是批准载人飞船工程立项的必要条件。可要在评审中形成统一的意见又谈何容易,评审组及下属的各系统评审组的成员都是各专业的技术带头人,都称得上"武林高

任新民(正面左二)出席航天部科技委第二次会议

手"，对各类技术问题都有自己独到的见解和意见，有的又很难改变。在1992年夏季召开的载人飞船技术方案评审会上，评审组的专家对方案中某些分系统方案有不同意见，争论异常激烈。有的评审专家竟然提出：在评审意见中写明我个人的意见，我自己签名，一起上报中央专委。任新民十分清楚，国家拿那么多钱搞这样大的工程，连研制单位都拿不出统一的意见，叫中央怎么批呀！这时，任新民宣布休会，次日再开会讨论。

任新民立即找几位专家商议，并做了分工，对几位意见比较大的专家分头去做工作，并征求他们的意见。他利用晚上的时间到意见比较多且比较强烈的专家宿舍进行走访，促膝谈心，做耐心细致的工作。次日，评审会继续开会。任新民首先做了30分钟的发言，他简要地历数了党中央、国务院、中央军委对中国航天所做出的一系列重大规划、决策和所取得的来之不易的伟大成就；回顾了中国航天在历次重大规划和技术方案讨论中识大体、顾大局、求同存异的优良传统，并现身说法，讲了他个人的经历："有些问题我也是有不同意见的，完全一致是不可能的，有不同意见是正常现象，但为了大局也只好舍弃一些个人的意见。"他还语重心长地说："我国载人航天工程的立项取得今天的进展，中央初步同意干这件事，确实是来之不易，是我们大家团结奋斗、共同努力的结果，应该珍惜。最终能否正式立项就取决于我们的技术经济可行性论证报告和评审报告做得如何。"他停了一会儿接着讲："我们大多数同志都是七八十岁的人了，目的就是为后来者搭建个施展才华的平台。

如果载人航天工程能立项，这对中国航天今后的发展和前景，将产生重大而深远的影响，今后30年或更长的时间，我们航天工作者都会英雄有用武之地。如果因为我们的论证工作和评审工作没做好，没做透，而影响工程的立项或拖延工作的进程，那我们就愧对中国航天，愧对中华民族，是误人子弟，说得严重些是千古罪人。同志们啊，责任重大，使命光荣。"他列举了一些实例，作为一名科技人员，有自己的技术见解并敢于发表和坚持，是难能可贵的。但是，大家都坚持按个人意见办，那什么事也办不成。他打个形象的比喻："从我们航天部驻地阜成路8号出发去天安门，经过公主坟，或木樨地，或西四，都可以到达目的地。最怕的就是坐在阜成路8号争来吵去，而不动身，那永远也到不了天安门，或者按一条路线走一段，又争吵，改变主意，回到原地再争论，又另选路线，时间都耽误了，推迟到达目的地的时间。只要大家经过分析比较，确定一条路线，齐心协力，步调一致地走下去，总可以到达目的地。"他话锋一转说到了我们的工作："我们搞技术工作，搞航天型号工程研制，也是一个道理。没有十全十美的方案，但总得选定一个。"

任老总一席推心置腹、苦口婆心的讲话后，会议开始讨论对载人飞船工程技术经济可行性论证报告及所包括的七大系统（载人飞船、运载火箭、航天员、发射场、测控通信、着陆场、飞船应用系统）论证报告的评审意见，由于心齐了，气顺了，很快统一了意见。会后经过修改、补充、完善，按时、保质地向中央专委提交了论证报告和评审报告，为我国载人飞船工程适时批准立项和开展研制工作奠定了重要基础。

1992年8月25日，中央专委根据国防科工委、航空航天部提出的关于载人飞船工程的论证报告和评审报告，向党中央、国务院、中央军委呈报了《关于开展我国载人飞船工程研制的请示》。1992年9月21日，这是决定中国载人航天技术发展的关键日子，已载入中国航天史册。中共中央政治局第十三届常委会在中南海勤政殿召开第195次扩大会议，讨论发展我国载人航天技术的问题。会议听取了国防科工委和航空航天部关于发展我国载人航天技术及从载人飞船起步等问题的汇报。常委们讨论得十分热烈。第一个发言的李瑞环说：如果钱不够，奥运不申办了也要办此事。杨尚昆说：老一辈搞了"两弹一星"，如果没有新的任务，我们的科技队伍无法完成新老交替，就会断档。党和国家领导人从国家和全局的高度，着眼于提升我国的国际地位，凝聚民心和中华民族的长远利益，一致同意中央专委提出的《关于开展我国载人飞船工程研制的请示》，并决定，要像当年抓"两弹一星"工程一样，抓载人航天工程，有事可直接报中央。至此，中国的载人飞船工程正式立项。整个载人航天工程分三步走：第一步，研制可作为天地往返运输系统的多用途载人飞船；第二步，实现航天员出舱，研制空间实验室，实现载人飞船与空间实验室交会对接，实现对空间实验室进行短期有人照料；第三步，研制并建立永久性空间站，解决较大规模、长期有人照料的空间站应用问题。

综观我国载人航天工程论证、评审，直至工程立项的全过

2002年12月，任新民（左三）与"神舟四号"发射相关人员在一起

程，任新民贡献突出，劳苦功高。尤其是他自始至终地倡导和坚持两项重大建议。其一，载人飞船由三舱组成，包括轨道舱、返回舱、推进舱。由于轨道舱留轨，这样在发射一艘飞船时，就相当于同时发射一颗传输型的对地观测卫星，又可作为交会对接中的目标飞行器，将大大提高经济效益，中国的载人飞船要有自己的特色，走自己的路，不再走人家40年前的老路。在讨论载人飞船方案时，有人提出：苏联人也没有搞轨道舱留轨，留轨带来的技术问题比较多，首先要解决轨道舱留轨时的电源和控制问题，飞船的太阳帆板就得变成两对，这样会带来一系列的复杂问题。任新民的留轨思想正是他反复推敲苏联载人飞船方案后才形成的。一次，他在研究苏联"联盟号"载人飞船

任新民（右）与航天员杨利伟在一起

的结构示意图时不经意中意识到，轨道舱作为垃圾留在太空，太可惜了，只要解决供电和控制问题，不就能把轨道舱用起来了吗？正是由于他对留轨问题早有考虑，所以，他胸有成竹地反驳道："为什么苏联人没有留轨，我们就不能留轨呢？！那时对地观测传输技术还没有呢，现在对地观测传输技术也已成熟。困难是有的，无非是要解决轨道舱的电源和控制问题，这类问题只要做工作是能够解决的。"他还动情地说："我不甘心走人家40年前的老路，这未免太窝囊了。我们的东西总得要搞出自己的特色。"

其二，他反复而恳切地讲："只搞载人飞船，其应用是有限的，必须着眼于未来的发展，那就是空间实验室和永久性的空间站。"他同有关的科技专家和科技人员反复研究、讨论，形成了我国载人航天工程分三步走的设想。

任新民所倡导并坚持的这两条，在我国载人航天工程立项时都已被采纳。自1992年9月21日，中央正式批准我国载人飞船工程立项起，迄今已走过了20多年艰苦卓绝的历程。目前，中国载人航天工程"三步走"战略的第二步已经基本完成，这将为第三步的实施奠定坚实的基础。

任新民倡导并坚持的轨道舱留轨已完全实现，轨道舱留轨半年以上，完成了留轨任务，并成为我国载人飞船具有中国特色的主要标志。时任全国人大常委会委员长的李鹏在参观"神舟四号"无人飞船发射时，对任新民讲："看来你坚持轨道舱留轨是正确的。"

在载人飞船的研制与发射中，任新民仍保持着当初论证、评审和立项时的那股劲头，以载人飞船的研制与发射为己任，无论是为解决重大技术难题而召开的攻关会、讨论会，还是各类评审会，直至神舟飞船在酒泉卫星发射中心的检查、测试、发射，他不顾年迈，一如既往地亲临现场，而且，直言不讳地发表个人意见与建议，坦诚地同有关科技人员进行讨论，他用自己的实际行动表达了对中国载人航天工程的赤诚之心。"神舟五号"发射成功时，他正在发射现场，我国首次实现载人飞行，圆了中华民族的飞天梦。他喜悦而镇静地说："中国航天实现了载人飞行，是一个质的飞跃，值得高兴和庆贺，但载人航天工程后续的任务还很艰巨，困难还很多，奋斗无穷期，攀登无止境，现在还不是说更多话的时候。"记者再三要求采访他时，他只匆匆地说了七个字："好啊，好啊，非常好！"

2003年10月,任新民(右二)与张庆伟(左二)、袁家军(左一)、戚发轫(右一)在"神舟五号"发射现场

正在他潜心致力地谋划中国载人航天工程的论证、评审、立项和研制工作之时,他的思维已经瞄准了未来,那就是推力为50吨级的大氢氧发动机,推力为120吨级的液氧煤油发动机和直径为5米、低轨道运载能力为20吨级的大运载火箭。他全然不顾年事已高,奔走呐喊,竭力促进这三大项目的立项。他多次登门拜访国防科工委的领导和"863"航天领域专家委员会的首席专家,反复而恳切地讲:"发展航天,动力先行。大氢氧发动机和大液氧煤油发动机要赶快立项,只要这两个大的发动机研制成功了,大运载火箭的研制就有基础了。"他运用"千里之行,始于足下"和"凡事预则立,不预则废"的哲理,阐述我国的火箭发动机技术应该向世界前沿水平挺进,以缩小同世界

先进水平的差距，并赶上或超过世界先进水平。他还半开玩笑、半激将地讲："这么大一个国家，一年非正常的吃喝就有多少个亿，各方面挤一挤，少吃几顿，就把这两个发动机搞出来了。不仅发动机大有用场，而且还能提高我们的设计技术水平，带动基础设施设备建设，培养和锻炼科研生产试验队伍。"

他一方面向上级机关积极汇报，争取立项。另一方面鼓励他的老部下，包括中国航天科技集团公司六院北京11所、西安11所等单位的领导，以及张贵田院士、朱森元院士等，要下定决心，攻坚克难，总会成功的。这位年近九旬的老人，仍深入研制试验第一线，同有关人员一起讨论系统方案和技术难题，亲临试车现场参加试车，同年轻的后辈一起向我国液体火箭发动机的两个新目标进发。

功夫不负有心人。2000年，液氧煤油发动机正式立项。十多年来，广大科技人员、工人心往一处想，劲往一处使，攻克了一系列的技术难题，经过了挫折与失败的考验，赢得了一次次成功，实现了研制目标。2006年7月3日，液氧煤油发动机首次长程试车获得成功；2007年，发动机试车突破万秒大关；2008年，首次飞行状态的液氧煤油发动机试车成功；2009年，液氧煤油发动机第100次试车圆满成功；2010年，双机并联试车实现三战三捷；2012年，120吨级液氧煤油发动机专项研制正式通过上级部门的验收。

2002年，50吨级氢氧发动机立项。这一发动机具有高能、零污染等优点，集超低温、超高温、高压、高转速、高功率于一体,代表着运载火箭先进动力的发展方向。历经十年的刻苦攻关,2012年8月17日,大推力氢氧发动机500秒长程热试车取得圆满成功。迄今,大氢氧发动机累计试车两万二千秒,其关键技术已全部突破,为后续投产交付奠定了坚实基础。

2005年、2006年,他获悉大运载火箭迟迟未获得国家正式立项,心急如焚。九旬高龄的任老总又亲自出马,或登门拜访,或致函,向有关领导陈言:"中国的大运载火箭一定要及早立项,并开展研制,这是关系中国航天发展全局的工作。用大火箭不仅可以发射大卫星或一箭发射多颗卫星,更重要的是关系到载人航天工程的可持续发展,发射和建造空间站必须有大运

在"神舟五号"飞船首日封上签字

第九章 霜重心红 273

2009年任新民（中）与航天员合影

载火箭。"2006年10月，国家正式批准大运载火箭立项，并将其命名为"长征五号"。这时他已年过九旬，且几次生病住院，但他仍念念不忘大运载火箭和空间站，他曾将"长征五号"行政总指挥王珏、总设计师李东和载人空间站工程载人飞船系统总设计师张柏楠等，请到家里，听取情况介绍，并同他们研究、讨论有关技术问题，并切中要害地进行指点，期盼他关注的大运载火箭和空间站能取得新的、更大的进展。

任新民通过他亲身经历的中国航天创建发展的实践，特别是他亲自或参加，或领导，或主持的中国航天历次重大规划。1955年，任新民同金家骏、周曼殊一起，撰写了《对我国研制火箭武器和发展火箭技术的建议》，并经军事工程学院上报中央军委。这是我国最早提出发展火箭与导弹技术的书面报告。

1956年春，他作为科技专家应邀参加了我国《1956—1967年科学技术发展远景规划纲要（草案）》的研究、讨论与制定工作，并在钱学森的主持下，同王弼、沈元等一起完成了规划纲要中第37项《喷气与火箭技术的建立》项目建议书的编制工作。20世纪70年代中期制定的我国战略核导弹与航天技术"三项重点工程"规划，20世纪80年代中期制定的"新三星一箭一论证"规划，20世纪90年代前期制定的我国发展载人航天技术的规划等。无论是参加规划"八年四弹"、制订践行"三抓"规划，还是领导主持新规，从中，他切身地体会到：从一定意义上讲，中国航天创建、发展、壮大的历史，就是不断制定、完善、执行一系列重大规划，并适时进行相应决策的过程。制定具有科学性、前瞻性和可实现性的发展战略与规划，并适时决策和坚定不移地贯彻、执行是至关重要的。在中国航天分为两个集团公司的关键时刻，他以其一个老航天工作者的高度责任感和有关的同事经过反复的研究讨论，几易其稿，于1999年2月完成了《关于抓好决策与规划问题的建议》，报送新组建的国防科工委、总装备部的主要领导及其机关的有关部门。同时抄送给了中国航天工业总公司的有关领导和筹备两个集团公司的主要领导。

在建议中，回顾归纳和总结了制定规划和实施决策的成功做法：近期与远期相结合，科学与民主相结合，现实性与先进性要合理兼顾，制定、决策、贯彻、执行与实现一抓到底。并对搞好规划与决策工作提出了建议：策源、策据、策库要丰富，交换、反复、比较要充分，分析、研究、论证要深透，目标、

1999年8月18日，航天系统获得"两弹一星"功勋奖章的老专家在人民大会堂前合影。左起：屠守锷、杨嘉墀、黄纬禄、任新民、王希季、孙家栋

重点、措施要明确。还建议要突出振动性大、带动性强、显示度高，对国民经济建设、国防建设、社会发展、科技进步影响大的重大科技工程，要集中兵力打歼灭战。

在建议中，还就科技队伍的吸引、稳定与调动其积极性的问题，坚持自力更生，建立我国独立自主的航天科技工业体系等，提出了中肯的建议。

从任老总这份近万字的建议和语重心长的诚挚话语中，足可见这位战略科学家心系航天，关注航天，企盼中国航天兴旺发达，获得持续、健康发展的赤子之心。

近年来，这位向百岁进发的老人，一次次战胜病魔，重获健康。一方面靠医生的救治，另一方面靠他的心态，靠其坚韧不拔的意志。在任老97岁生病时，医生嘱他每天走100步，他数着数，在家人的搀扶下艰难地走着。家人说："你数得快，走得慢，还不到100步。"他说："那好，再来100步。"他吃东西时，容易噎着，有时脸部憋得通红，家人让他吐出来，他硬是不吐，最终还是咽了下去。再噎、再困难，他也坚持吃。这种超人的毅力使他一次次转危为安。他近98周岁时，当天气还没完全转暖，他每天坚持到户外两次，一会儿坐轮椅，一会儿慢走。一次，家人说："外边风大，今天就别出去了。"他回答说："大风大浪我都经过了，还怕这点小风？！"这"大风大浪"有两个含义：一是他近年经过的几场大病，二是他一生经过的坎坷奋斗历程。

在与病魔做斗争的同时，他仍一如既往地关注航天，谋求中国航天获得全面、协调、可持续发展。尽管身体虚弱，但头脑十分清醒，他曾与原国家航天局局长孙来燕长谈探月工程的有关看法，畅叙他对中国航天未来发展的建议……

2007年5月9日，任新民与夫人在一起

近两年他的记忆力和思维的敏捷度虽然都有些下降，但他对中国航天的可持续发展问题却铭记在心。2004年3月1日，他书写了"持续发展中国的航天事业是全世界中华子孙的愿望"的题词；2012年4月28日，他应"两弹一星"历史研究会之邀题写了"弘扬'两弹一星'精神，持续发展中国的航天事业"。2013年2月27日，应全国政协人员之邀，他书写了"持续发展我国的航天事业"的题词。可见，他已把中国航天的可持续发展融入了他的灵魂和生命。

任新民用业绩、贡献和实际行动展现了他刚毅顽强、奋斗拼搏、追逐航天的伟大品格，百岁老人仍始终如一，这正如一位书法家在赠给他的一个条幅中所称——"霜重心红"。

附　录

任新民年表

- 1915年　出生

  12月5日，出生于安徽省宁国县（现为宁国市）。

- 1922年　7岁

  2月，就读于安徽省宁国县宁阳小学。

- 1928年　13岁

  2月，就读于安徽省第四中学（安徽宣城）初中部。

- 1929年　14岁

  10月，加入中国共产主义青年团。

- 1931年　16岁

  9月，考入南京钟英中学高中部。

◆ 1934年　19岁

9月，考入南京中央大学化学工程系，肄业。

◆ 1937年　22岁

9月，考入重庆中央兵工学校大学部造兵系，毕业。

◆ 1940年　25岁

7月，在重庆兵工署21厂任技术员，后在重庆中央工业学校任教员，在重庆兵工学校大学部任助教、讲师。

◆ 1944年　29岁

与虞霜琴结婚。

◆ 1945年　30岁

5月24日，赴美国辛辛那提磨床铣床厂实习，后考入密歇根大学研究院机械工程专业硕士研究生。

◆ 1948年　33岁

获密歇根大学研究院工程力学博士学位，被美国布法罗大学机械工程系聘为讲师。

◆ 1949年　34岁

8月，返回祖国，任南京华东军区军事科学研究室研究员。

◆ 1952年　37岁

9月，任哈尔滨军事工程学院筹备委员会委员。

◆ 1953年　38岁

9月，任哈尔滨军事工程学院科学教育部教务处副处长。

◆ 1955年　40岁

任哈尔滨军事工程学院炮兵工程系教育副主任兼火箭武器

教授会主任、教授，被授予技术上校军衔。

- ◆ 1956年　41岁

    8月，参与筹建国防部第五研究院。

    11月23日，任国防部第五研究院总设计室（总体室）主任。

- ◆ 1958年　43岁

    4月，任国防部第五研究院一分院液体火箭发动机设计部主任。

- ◆ 1959年　44岁

    3月31日，任"1059"（后来的"东风一号"）发动机总设计师。

- ◆ 1960年　45岁

    3月3日，任"东风一号"（后来的"东风三号"）副总设计师兼发动机总设计师。

    9月，任"东风一号"（后来的"东风三号"）和"东风二号"两个型号设计委员会副主任委员。

    11月，加入中国共产党。

- ◆ 1961年　46岁

    1月，任东风型号委员会［由"东风一号"（后改称"东风三号"）、"东风二号"两个型号设计委员会合并而成］副主任委员。

    9月15日，任国防部第五研究院一分院副院长。

- ◆ 1964年　49岁

    4月22日，任"东风三号"（原来的"东风一号"）副总设计师。

12月，当选为第三届全国人民代表大会代表。

- **1965年　50岁**

4月，任第七机械工业部第一研究院副院长兼液体火箭发动机研究所所长。

- **1968年　53岁**

任"东风四号"导弹、"长征一号"运载火箭技术总负责人。

- **1970年　55岁**

4月24日，参加"长征一号"运载火箭发射"东方红一号"卫星任务。

5月1日，参加"五一"观礼活动，受到毛泽东等党和国家领导人的接见。

- **1975年　60岁**

1月，当选为第四届全国人民代表大会代表。

6月30日，任第七机械工业部副部长、党委核心小组成员。

- **1977年　62岁**

8月，当选为中国共产党第十一次全国代表大会代表。

- **1978年　63岁**

1月，任试验卫星通信工程总设计师。

2月，当选为第五届全国人民代表大会代表、常务委员会委员。

- **1979年　64岁**

主持《中国大百科全书》"航空航天卷"的编辑工作。

10月，当选为中国宇航学会第一届理事会理事长。

◆ 1980年　65岁

5月，任"580"任务（"东风五号"全程飞行试验）发射场区总指挥。

11月8日，当选为中国科学院学部委员（后改称院士）。

◆ 1982年　67岁

4月9日，任航天工业部科学技术委员会主任。

9月，当选为中国共产党第十二次全国代表大会代表。

◆ 1983年　68岁

6月，当选为第六届全国人民代表大会代表、常务委员会委员。

◆ 1984年　69岁

当选为中国宇航学会第二届理事会理事长。

8月，任返回式遥感卫星二号工程总设计师、返回式遥感卫星三号工程总设计师、"风云一号"试验气象卫星工程总设计师、实用通信卫星工程总设计师。

◆ 1985年　70岁

当选为国际宇航科学院院士。

作为项目主要完成人的"液体弹道导弹与运载火箭"和"长征三号运载火箭"分别获国家科技进步奖特等奖。

◆ 1986年　71岁

5月3日，任"东方红三号"卫星通信工程总技术顾问。

11月21日，任发射外国卫星工程总设计师。

- 1987年　72岁

9月，任航天工业部高级技术顾问。

- 1988年　73岁

当选为第七届全国人民代表大会代表、常务委员会委员。

当选为国际宇航科学院理事。

任航空航天工业部高级技术顾问。

- 1989年　74岁

当选为中国宇航学会第三届理事会名誉理事长。

- 1990年　75岁

享受国务院颁发的政府特殊津贴。

- 1993年　78岁

任载人飞船工程技术方案评审组组长。

任中国航天工业总公司高级技术顾问。

- 1994年　79岁

8月22日，荣获求是科技基金会授予的"杰出科学家奖"。

- 1995年　80岁

荣获"全国先进工作者"称号。

- 1999年　84岁

7月，任中国航天科技集团公司高级技术顾问、中国航天机电集团公司高级技术顾问。

9月18日，荣获中共中央、国务院、中央军委颁发的"两弹一星"功勋奖章。

- **2001年　86岁**

  荣立国防科工委一等功。

- **2004年　89岁**

  荣获国家人事部、总装备部、国防科工委授予的"中国载人航天工程突出贡献者"奖章。

- **2006年　91岁**

  10月，荣获"中国航天事业五十年最高荣誉奖"。

后 记

　　航天院士是伴随着我国航天事业创建、发展、壮大，通过航天型号工程研制和预先研究以及技术基础设施设备、技术手段建设等科研生产实践，陶冶出来的科技精英。撰写航天院士传记要记述传主的生平、业绩、贡献和品格，也必然涉及航天科技工业的发展历史，涉及航天型号工程研制等科研生产活动，涉及航天传统精神、"两弹一星"精神和载人航天精神的孕育与传承。在传记的撰写中，力求抓住传主的人生历程，特别是科技生涯的主线，突出传主的业绩、贡献和道德风范。力求做到集史实、科技、思想、故事于一体。旨在传承和弘扬作为中华民族传统精神组成部分的"两弹一星"精神，万众一心，建设创新型国家，实现中华民族复兴的伟大的中国梦。

任新民是广大航天科技工作者中的一位杰出代表。从1956年8月参加筹建国防部第五研究院起，经历了中国导弹与航天事业由小到大、由弱到强的创建发展全过程。他无怨无悔，专心专注，诚实务实，以其辉煌的业绩、卓著的贡献、高尚的品格荣获中共中央、国务院、中央军委授予的"两弹一星"功勋奖章，成为广大航天工作者的楷模。

　　笔者虽在任老总直接或间接领导下工作多年，与其保持近距离接触、交流长达30余年，但在成书过程中仍感到史实和具体情节的欠缺。由于任老总年事已高，很多往事已经记不清楚，靠任老总回忆、讲述自己的奋斗历程已不现实。笔者只好查阅、研究有关史料，重温有关航天型号工程与专业技术资料，求助于不同时期与任老总共事的老同志……在原来撰写的《任新民院士传记》的基础上，经过多次的删减、修改，《任新民传》终于付梓出版了。欣慰之余，也感到任新民60多年的科学精神、学术成就和思想品格仍有挖掘和提升的空间。就书稿而言，也难免有谬误和挂一漏万之处，敬请熟知者指正。

谭邦治
2015年10月